ALÉM DAS PROJEÇÕES HOCKEY STICK

ALÉM DAS PROJEÇÕES HOCKEY STICK

ESTRATÉGIAS *para* AUMENTAR as SUAS CHANCES *de* SUCESSO

CHRIS BRADLEY | MARTIN HIRT | SVEN SMIT

ALTA BOOKS
EDITORA
Rio de Janeiro, 2019

Além das Projeções Hockey Stick - Estratégias para aumentar as suas chances de sucesso
Copyright © 2019 da Starlin Alta Editora e Consultoria Eireli. ISBN: 978-85-508-0727-0

Translated from original Strategy Beyond the Hockey Stick. Copyright © 2018 by McKinsey & Company. All rights reserved. ISBN 978-1-260-48762-3. This translation is published and sold by permission of John Wiley & Sons, the owner of all rights to publish and sell the same. PORTUGUESE language edition published by Starlin Alta Editora e Consultoria Eireli, Copyright © 2019 by Starlin Alta Editora e Consultoria Eireli.

Todos os direitos estão reservados e protegidos por Lei. Nenhuma parte deste livro, sem autorização prévia por escrito da editora, poderá ser reproduzida ou transmitida. A violação dos Direitos Autorais é crime estabelecido na Lei nº 9.610/98 e com punição de acordo com o artigo 184 do Código Penal.

A editora não se responsabiliza pelo conteúdo da obra, formulada exclusivamente pelo(s) autor(es).

Marcas Registradas: Todos os termos mencionados e reconhecidos como Marca Registrada e/ou Comercial são de responsabilidade de seus proprietários. A editora informa não estar associada a nenhum produto e/ou fornecedor apresentado no livro.

Impresso no Brasil — 1ª Edição, 2019 — Edição revisada conforme o Acordo Ortográfico da Língua Portuguesa de 2009.

Publique seu livro com a Alta Books. Para mais informações envie um e-mail para autoria@altabooks.com.br

Obra disponível para venda corporativa e/ou personalizada. Para mais informações, fale com projetos@altabooks.com.br

Produção Editorial Editora Alta Books	**Produtor Editorial** Thiê Alves Juliana de Oliveira	**Marketing Editorial** marketing@altabooks.com.br	**Vendas Atacado e Varejo** Daniele Fonseca Viviane Paiva comercial@altabooks.com.br	**Ouvidoria** ouvidoria@altabooks.com.br
Gerência Editorial Anderson Vieira	**Assistente Editorial** Thales Silva	**Editor de Aquisição** José Rugeri j.rugeri@altabooks.com.br		
Equipe Editorial	Adriano Barros Bianca Teodoro Ian Verçosa	Illysabelle Trajano Kelry Oliveira Keyciane Botelho	Maria de Lourdes Borges Paulo Gomes Thauan Gomes	
Tradução McKinsey & Company	**Copidesque** Gabriella Araújo	**Revisão Gramatical** Thamiris Leiroza	**Revisão Técnica** McKinsey & Company	**Diagramação** Joyce Matos

Erratas e arquivos de apoio: No site da editora relatamos, com a devida correção, qualquer erro encontrado em nossos livros, bem como disponibilizamos arquivos de apoio se aplicáveis à obra em questão.

Acesse o site www.altabooks.com.br e procure pelo título do livro desejado para ter acesso às erratas, aos arquivos de apoio e/ou a outros conteúdos aplicáveis à obra.

Suporte Técnico: A obra é comercializada na forma em que está, sem direito a suporte técnico ou orientação pessoal/exclusiva ao leitor.

A editora não se responsabiliza pela manutenção, atualização e idioma dos sites referidos pelos autores nesta obra.

Dados Internacionais de Catalogação na Publicação (CIP) de acordo com ISBD

B811a	Bradley, Chris
	    Além das Projeções Hockey Stick: estratégias para aumentar as suas chances de Sucesso / Chris Bradley, Martin Hirt, Sven Smit ; traduzido por McKinsey & Company. - Rio de Janeiro : Alta Books, 2019.
	    256 p. : il. ; 17cm x 24cm.
	
	    Tradução de: Strategy Beyond the Hockey Stick
	    Inclui índice e anexo.
	    ISBN: 978-85-508-0727-0
	
	    1. Autoajuda. 2. Sucesso. I. Hirt, Martin. II. Smit, Sven. III. McKinsey & Company. IV. Título.

2019-767	CDD 158.1 CDU 159.947

Elaborado por Vagner Rodolfo da Silva - CRB-8/9410

Rua Viúva Cláudio, 291 ' Bairro Industrial do Jacaré
CEP: 20.970-031 ' Rio de Janeiro (RJ)
Tels.: (21) 3278-8069 / 3278-8419
www.altabooks.com.br ' altabooks@altabooks.com.br
www.facebook.com/altabooks ' www.instagram.com/altabooks

Para
Bini, Walter e Hildegund Hirt
Bibi, Jan-Ferdel e Ute Smit
Mel, Olivia, Alice e Harriet Bradley

E para nossos
Sócios e Colegas na McKinsey & Company
por nos darem a oportunidade de superar as probabilidades.

Aviso

Para melhor entendimento as figuras estão disponíveis no site da editora Alta Books. Acesse: www.altabooks.com.br e procure pelo nome do livro ou ISBN.

Sumário

Prefácio	**xi**
Introdução: Bem-vindos à sala de estratégia	**1**
Você não está sozinho	2
O vilão é o lado social da estratégia	4
Onde está a visão externa?	6
Fazendo mudanças importantes acontecerem	8
A jornada à nossa frente	9
1. Jogos na sala de estratégia — e por que as pessoas participam deles	**13**
O lado social da estratégia em ação	15
O temido hockey stick	17
Conseguimos suportar a verdade?	20
Fazendo o jogo interno	21
Convoquem o guru	22
O problema errado para cérebros humanos	23
Nossa mente tendenciosa	25
Agora adicionemos a dinâmica social ao *mix*	27
Quando a visão interna não é contestada	31
2. Abrindo as portas da sua sala de estratégia	**37**
O critério certo	40
Sua empresa vive em uma Curva de Potência	42
O que vemos no mapa	44
Por que você está onde está	49
Uma nova perspectiva com a visão externa	54

SUMÁRIO

3. Projeções oníricas, realidades arriscadas   **59**

O aparecimento das "costas peludas"   60

Conseguindo a aprovação   62

O financeiro reduz os custos   62

Projeções ousadas   64

Planos tímidos   70

Uniformidade corporativa   72

Almejar o conhecido   72

Hockey sticks legítimos   74

4. Quais são as probabilidades?   **79**

Descobrindo a probabilidade de sucesso   81

As rotas de voo da mobilidade ascendente   84

Uma história de três empresas   87

Onde estão as probabilidades na sala de estratégia?   89

A busca pela certeza   91

Você é seus números   93

5. Como encontrar um *hockey stick* legítimo   **97**

O que é diferente desta vez?   98

Verifique os fatos   99

As probabilidades que importam: as suas   100

As dez variáveis que fazem a diferença   103

Endowment   104

Tendências   105

Mudanças   106

Tudo importa   107

O painel de controle da mobilidade   109

Conheça as probabilidades   113

Isso é tudo?   114

SUMÁRIO

6. O destino está traçado — **119**

Uma conversa muito diferente sobre estratégia — 122
Tênis ou *badminton*? — 123
Setores da economia são como escadas rolantes — 124
Mude o setor ou mude de setor — 127
Pense também em mudar de local — 128
Pense micro — 129
A necessidade de *insights* privilegiados — 131
Agindo com base no destino — 132
As quatro etapas de uma tendência disruptiva — 134
1ª etapa: Sinais em meio a ruídos — 136
2ª etapa: A mudança se estabelece — 138
3ª etapa: A inevitável transformação — 140
A etapa mais difícil — 140
4ª etapa: Adaptando-se à nova normalidade — 143

7. Fazendo as mudanças certas — **147**

Grandes mudanças são essenciais — 150
A história da Corning — 154
Fusões, aquisições e desinvestimentos programáticos — 154
Realocação ativa de recursos — 156
Para realocar é preciso desalocar — 160
Programas robustos de capital — 160
Prudência nas despesas de capital — 162
Nítida melhoria da produtividade — 162
Correndo e chegando a lugar nenhum — 163
Melhoria da diferenciação — 166
Você está jogando a seu favor? — 169
Grandes mudanças favorecem boas estratégias — 170

SUMÁRIO

8. Oito mudanças para destravar a estratégia   **177**

1. De plano anual para a estratégia como uma jornada   179
2. Da aprovação ao debate de alternativas reais   181
3. Da uniformidade a escolher seu 1 em 10   185
4. Da aprovação de orçamentos para grandes mudanças   188
5. Da inércia orçamentária aos recursos líquidos   192
6. De *sandbagging* a portfólios de risco aberto   194
7. De "você é seus números" para uma visão holística do desempenho   197
8. Do planejamento de longo prazo a dar o primeiro passo   200

O pacote completo   202

Epílogo: Vida nova na sala de estratégia   **207**

Agradecimentos   **211**

Apêndice   **213**

1. Sobre nossa amostra e método   213
2. Uma nota sobre lucro econômico e retorno total dos acionistas   215
3. Como as probabilidades parecem diferentes vistas de cima ou de baixo   215

A vida no quintil superior   217

A vida no quintil inferior   217

Notas   **221**

Índice   **237**

Prefácio

Todos nós já vimos planos de negócios que lembram um taco de hóquei, planos que apontam para um futuro em que os resultados avançam confiantemente para cima – isto é, logo após uma queda inicial que, de forma sintomática, coincide com o orçamento do ano vindouro.

CEOs costumam confiar em sua experiência e tino empresarial para descobrir quais desses planos do tipo taco de hóquei têm potencial verdadeiro para se tornarem realidade. Mas, com demasiada frequência, o que vemos são pessoas competindo ferozmente por recursos, reivindicando crédito para si e esforçando-se para obter um "sim" para seus planos, obscurecendo assim as difíceis decisões que precisam ser tomadas. Mais uma estrutura para a estratégia? Não, obrigado, já temos muitas delas e elas nunca corrigem o verdadeiro problema: a dinâmica social na sala de estratégia.

Valendo-se de dados de milhares de grandes empresas, os sócios da McKinsey, Chris Bradley, Martin Hirt e Sven Smit abrem as janelas da sala de estratégia e deixam entrar uma nova "visão externa". Eles constataram que existem três grupos distintos de empresas: as do quintil inferior, que sofrem enormes perdas econômicas; a grande "maioria do meio", um extenso platô onde habitam 60% das empresas que praticamente não obtêm lucro econômico; e as 20% superiores, para as quais todo o valor converge.

Algumas empresas de fato alcançam uma performance do tipo taco de hóquei. Entretanto, apenas 1 em 12 conseguem saltar do nível intermediário para o topo ao longo de um período de dez anos. Isso não acontece por mágica. Na realidade, existe uma verdadeira ciência, com farta comprovação empírica, que pode ajudá-las a melhorar suas chances de sucesso, seja aproveitando seu cabedal inicial, apostando nas tendências certas e, mais importante, reali-zando alguns grandes movimentos.

Para que esses grandes movimentos aconteçam, é preciso superar a inércia, as manobras táticas interesseiras e a aversão ao risco. É preciso mitigar os vieses e preconceitos humanos e gerenciar as dinâmicas dos grupos. Oito mudanças práticas são apresentadas, que podem ser úteis para destravar as estratégias e torná-las maiores, mais ousadas e melhores.

Os casos discutidos e as lições contidas neste livro são ainda mais relevantes em mercados emergentes – e, em particular, no Brasil. A volatilidade crescente, as incertezas e as oportunidades inesperadas de grandes saltos tornam os grandes movimentos ainda mais necessários.

Temos a oportunidade de gerar retornos perceptivelmente melhores em nossa região e tenho certeza de que as lições deste livro serão valiosas em nosso trabalho diário.

Além das Projeções Hockey Stick não é mais um livro cheio de regras ou conselhos de estratégia. Não é mais um caminho tortuoso cheio de *frameworks* e estudos de casos em pequena escala prometendo uma fórmula secreta para o sucesso. É uma visão irreverente e bem-humorada, estritamente baseada em fatos, do mundo real da tomada de decisões estratégicas.

Massimo Mazza,
Sócio da McKinsey no escritório de São Paulo

Introdução

Bem-vindos à sala de estratégia

Na sala de estratégia, tendenciosidades humanas e dinâmicas sociais podem impedir que mudanças importantes e necessárias cheguem a ser discutidas e, menos ainda, executadas. Neste livro, munidos com dados concretos de milhares de empresas, propomos encarar de frente o "lado social da estratégia".

"Será que não há outra maneira?"

Ouvimos isso o tempo todo e provavelmente você já se fez essa pergunta mais de uma vez. Talvez após uma exaustiva maratona de reuniões que, supostamente, deveriam discutir estratégia, mas na realidade acabam sendo meras apresentações. Ou talvez após se sentir compelido a aprovar propostas de investimento com perspectivas incertas. Ou, ainda, talvez após mais uma discussão habitual sobre realocação de recursos para oportunidades de crescimento que não levam a lugar algum.

1

ALÉM DAS PROJEÇÕES HOCKEY STICK

Após décadas de trabalho com centenas dos principais líderes empresariais em todo o mundo, chegamos à conclusão que tem de haver outra maneira.

Livros sobre como melhorar o processo estratégico atulham nossas prateleiras, repletos de modelos e histórias que alegam decifrar o código da estratégia bem-sucedida.[1] Por mais interessantes que sejam de ler, por mais inspiradores que sejam os casos apresentados, parece que ainda falta algo realmente inovador. Os desafios estratégicos de hoje são, na verdade, muito parecidos com o que sempre foram ao longo do tempo, apesar do esforço legítimo de muitas pessoas realmente inteligentes.

Este livro pertence a uma prateleira diferente. Em vez de adotarmos a tradicional abordagem de melhores práticas e casos inspiradores, usamos uma ampla e detalhada pesquisa empírica. Identificamos um pequeno número de alavancas de desempenho que, de acordo com as evidências concretas que compilamos e nossa experiência na implementação, podem ser utilizadas para aumentar muito suas chances de sucesso. Também acreditamos ter encontrado o fator — frequentemente negligenciado — responsável por muitos dos dilemas enfrentados na sala de estratégia, intrigando gerações de líderes empresariais e fazendo com que tantas estratégias não funcionem como planejado. Esse fator é o que chamamos de *lado social da estratégia*.

Neste livro, utilizamos *insights* empíricos para, enfim, ajudar você e outros líderes empresariais a traçar uma rota para lidar com o lado social da estratégia e, com isso, desenvolver estratégias melhores, maiores e mais ousadas. *Existe* outra maneira!

Você não está sozinho

Ao iniciarmos juntos nossa jornada pelos aspectos empíricos e pelo lado social da estratégia, daremos uma olhada na sala de estratégia em si para acompanhar algumas das cenas que lá se desenrolam. É provável que essas cenas lhe sejam familiares, pois são surpreendentemente comuns, apesar de todos os livros e artigos sobre como desenvolver estratégias melhores, tomar decisões melhores e obter um desempenho melhor nos negócios.

No início do processo estratégico, toda a equipe concorda que, neste ano, ninguém apresentará documentos enormes com 150 páginas e apêndices intermináveis. Todos se comprometem a conversar de verdade sobre o futuro da empresa e sobre as escolhas difíceis a serem tomadas. Mas, então, dois dias antes da primeira reunião, três desses documentos de 150 páginas despencam na caixa de entrada do CEO com um baque surdo. Com isso, lá se vão as conversas reais... E todos voltam a examinar detalhes de apresentações meticulosamente elaboradas que entorpecem os sentidos antes mesmo que alguém consiga entender plenamente seu conteúdo.

Ou, após vários resultados imparciais, você decide que é preciso repensar a fundo a estratégia. A alta liderança concorda em mudar de direção. O Conselho aprova. Mas, logo em seguida, o diretor financeiro assume e transforma essa visão em um orçamento para o primeiro ano. E a ousadia se esvai quando entra em ação quem corre o risco de perder recursos, que toma ações protecionistas e defensivas diante de mudanças reais. De alguma forma, todas aquelas reflexões audaciosas acabam produzindo um novo orçamento que, curiosamente, se parece muito com o orçamento do ano passado. E a empresa retorna ao habitual e conhecido, ao *business as usual*.

Que tal um terceiro cenário? Todos concordam com a estratégia. Tudo parece ótimo no papel e as justificativas soam convincentes. Entretanto, por algum motivo, todos pressentem que aquela estratégia não é mais do que otimismo. Ela é um pouco generosa demais com os egos das pessoas que a elaboraram e relutante demais em enfrentar a dura realidade da competição. Pessoas dois ou três níveis abaixo da cúpula — aquelas que, de fato, se envolverão com clientes e que muitas vezes não chegam a participar do processo estratégico — concluem que os gestores estão encerrados numa bolha e, com um suspiro resignado, continuam o que já vinham fazendo. A "nova" estratégia acaba servindo tão somente para justificar alguns projetos não rentáveis — rotulados como "estratégicos" porque dão prejuízo. Todos sabem que não provocarão nenhuma mudança real na trajetória.

Mesmo que você seja o CEO, às vezes pode parecer difícil enfrentar a inércia decorrente de comportamentos individuais e dinâmicas sociais, o que o impede de fazer a coisa certa para a sua empresa. Um de nossos clientes, um CEO australiano, ponderou recentemente: "Estou bem ciente de que deveríamos avançar mais depressa nessa direção, mas tenho que trazer a equipe junto."

Você pode estar na invejável posição de liderar uma *startup* ágil ou uma instituição extraordinária do tamanho da Amazon que ainda opera como no Dia 1. Se este for o caso, parabéns. Você até poderá achar interessantes algumas considerações empíricas deste livro sobre o que funciona e o que não funciona em uma estratégia, mas realmente deve continuar fazendo o que está fazendo. Por outro lado, se você for como a maioria dos gestores com que costumamos trabalhar, reconhecerá imediatamente os sinais referidos e quererá confrontar o lado social da estratégia. Porém, mesmo que esteja no comando de uma segunda Amazon, poderá utilizar alguns dos *insights* que compartilhamos aqui para antever alguns deslizes antes que eles ocorram.

O vilão é o lado social da estratégia

Todos nós sabemos que entramos no processo estratégico carregados de tendenciosidades individuais e institucionais e que a dinâmica de grupo na sala de estratégia costuma distorcer os resultados. Contudo, as reflexões sobre dinâmicas sociais geralmente param por aí. Afinal, com que frequência fazemos esforços reais para entender esses fatores e lidar adequadamente com eles? Será que nossa tendência não é encolher os ombros e seguir em frente sem pestanejar? Frequentemente, fingimos que o processo estratégico consiste apenas em resolver um problema analítico, embora saibamos que, na verdade, a análise é a parte fácil.

Modelos e ferramentas, tal como costumam ser descritos em livros de negócios e apresentações de consultores, podem ser úteis para organizar o pensamento e ajudar na geração de ideias. Infelizmente, quase nunca permitem superar as verdadeiras barreiras que impedem a formulação de uma boa estratégia. O motivo é simples: o lado social pode sufocar o lado intelectual.

BEM-VINDOS À SALA DE ESTRATÉGIA

"Collins, acabo de saber que suas tendenciosidades institucionais secretas estão em conflito direto com as minhas."

Peter Drucker disse notoriamente que "a cultura devora a estratégia no café da manhã".[2] E em nenhum lugar isso é mais evidente do que na sala de estratégia. Como isso acontece? Afinal, é uma sala cheia de pessoas inteligentes e experientes, que sentem prazer em enfrentar desafios intelectuais. Mas a estratégia não é a única coisa em jogo. Cargos — e até mesmo carreiras — também correm riscos. Você pode perder seu emprego ou seu *status* se prometer demais ou não atingir suas metas. Não chega a surpreender que todos sejam cautelosos — e que um processo estratégico visando apenas preservar o emprego de seus autores raramente produza os melhores resultados para a empresa. E ainda há o processo orçamentário. Podem estar discutindo uma estratégia para os próximos cinco anos, mas todos sabem que é o orçamento do primeiro ano que realmente importa. Por exemplo, a maioria dos gestores buscará garantir recursos para o ano seguinte enquanto adia a responsabilidade pelo retorno desses investimentos — talvez para um futuro tão distante que as pessoas esqueçam os compromissos originais ou até que já tenham assumido um novo cargo. Afinal, até mesmo os líderes empresariais mais bem-sucedidos são humanos.

A sala de estratégia é tão cheia de agendas concorrentes e jogos sociais que você deve às vezes ter se perguntado por que as pessoas despenderam tanto tempo e esforço em análises e na preparação de apresentações.

O resultado de todas essas dinâmicas é o gráfico *hockey stick* (taco de hóquei) — cujo formato revela, cheio de confiança, a inevitabilidade do

6   ALÉM DAS PROJEÇÕES HOCKEY STICK

sucesso futuro após a esperada e familiar queda no orçamento do próximo ano. Na verdade, se for possível falar em um *ícone* do processo estratégico, esse ícone é o taco de hóquei. Basta mencionarmos a expressão para inspirar um olhar cúmplice e um sorriso irônico nos executivos com quem compartilhamos nossa pesquisa.

Com este livro, queremos quebrar o taco de hóquei. Queremos abordar o lado social da estratégia para que as mudanças importantes que geram lucro econômico e valor para os acionistas possam realmente ir adiante.

Onde está a visão externa?

Há mais de cinco anos, nós três tentamos entender o que torna o processo estratégico tão complicado e desenvolver uma nova perspectiva de como lidar com os problemas que surgem. Após décadas de trabalho de consultoria em centenas de empresas de todo o mundo, e tendo visto incontáveis planos estratégicos, começamos essa jornada com nossas observações pessoais. Mas também decidimos provar do nosso próprio remédio: quisemos ir além dos casos costumeiros e tentar juntar a experiência à realidade dos fatos concretos do desempenho corporativo. Complementamos nossas observações com pesquisas e análises detalhadas de milhares das maiores empresas do mundo, além de uma amostra empírica gigante — não a tradicional coletânea de algumas dúzias de estudos de casos escritos a partir de entrevistas.

Constatamos que, na maioria das salas de estratégia, simplesmente não há dados suficientes, e, muito menos, todos os dados corretos. Esta pode parecer uma afirmação estranha, visto que reclamamos daqueles documentos de 150 páginas e seus infindáveis apêndices, mas o fato é que esses documentos tendem a ter uma visão muito tacanha do mundo. São baseados em uma "visão interna" — em dados do próprio setor, na perspectiva da própria empresa e na experiência da própria equipe e dos executivos na sala de estratégia.[3] Os materiais hoje disponíveis fornecem detalhes, mas nenhum dado de referência com poder preditivo. Curiosamente, quanto mais detalhadas as informações disponíveis, mais as pessoas acreditam que sabem das coisas; e quanto maior essa falsa confiança, maior o risco de chegarem a conclusões erradas.[4]

Quando momentos de mudanças importantes exigem transformações profundas na estratégia, essa visão interna acaba se tornando um problema ainda maior. É uma visão interna do mundo errado e você acaba sendo pego de surpresa.

BEM-VINDOS À SALA DE ESTRATÉGIA

"Ele foi convidado para nos dar a última palavra em perspectiva externa."

Em vez de uma visão interna cada vez mais precisa, é necessário uma "visão externa" pela qual dados de milhares de outras experiências de outros executivos e suas empresas, em outras salas de estratégia, são trazidos para a sua sala para dar forma à discussão. Por que efetuar *benchmarks* apenas de seus KPIs operacionais quando se pode ter um ponto de referência objetivo e igualmente convincente para sua estratégia? Por que não ajustar a qualidade de sua estratégia cotejando-a com um vasto conjunto de dados comparativos?

Talvez você diga que o problema é que cada situação é única, certo? "Nenhuma outra empresa tem nossa marca, nossos recursos, nossos concorrentes, nossos clientes, nossos desafios, nossas oportunidades." E, em todo caso, as empresas não costumam compartilhar todos os seus dados com o resto do mundo para facilitar esse tipo de comparação. É verdade. E é por isso que até hoje nunca houve um banco de dados abrangente incluindo sucessos e fracassos estratégicos.

Analisamos informações disponíveis publicamente sobre dezenas de variáveis de milhares de empresas e descobrimos que existe um número administrável de alavancas — dez, na verdade — que explicam mais de 80% dos altos e baixos do desempenho corporativo.[5]

Compartilharemos esses dados com você neste livro, a fim de lhe proporcionar essa "visão externa". Mostraremos uma maneira de avaliar se sua estratégia corresponderá às expectativas — antes mesmo de você deixar a sala e começar a executá-la. Se julgar escassas as possibilidades de sucesso, poderá retroceder, reagrupar e reformular para melhorar suas chances. E tudo isso antes de iniciar uma jornada dispendiosa que pode acabar em mais um beco sem saída. Ofereceremos a você uma nova maneira de adquirir confiança em estratégias ousadas, capazes de mudar a direção da sua empresa, pois você agora saberá quais as chances de sucesso de uma estratégia e poderá ajustá-la segundo parâmetros verificáveis de desempenho corporativo.

No mundo dos esportes, os locutores de golfe conseguem dizer qual é a probabilidade de um jogador x dar uma tacada de uma distância y porque já foram compilados dados sobre todas as tacadas que todos os jogadores deram. Os fãs de estatísticas de futebol americano sabem calcular a probabilidade de um time vencer tomando por base o placar, o tempo de jogo, a quantidade de jogadas e o nome do *quarterback*, porque todos esses dados foram reunidos ao longo dos anos em muitos e muitos campeonatos. E agora esses mesmos tipos de dados estão disponíveis para estratégias corporativas.

Fazendo mudanças importantes acontecerem

Antecipando-nos um pouco, os dados mostram, em especial, que muitas empresas simplesmente não são ousadas o bastante, isto é, suas estratégias não são concebidas para grandes mudanças. Com demasiada frequência, o resultado significa melhorias graduais que permitem apenas que a empresa acompanhe o ritmo do resto do setor.

Temos certeza de que você já testemunhou algo parecido: mesmo que surja uma excelente oportunidade de negócio e alguém apresente uma ideia inovadora, esta tende a ser desbastada pouco a pouco. A ideia soa arriscada demais ou diferente demais do que as outras empresas estão fazendo. Algumas pessoas podem se sentir excluídas. Parece ser mais seguro formular um plano que altere ligeiramente o do ano anterior e distribua recursos por toda a empresa em vez de apostar pesado nas proezas de uma única unidade.

"Antes me incentivavam a prometer pouco para que eu pudesse superar expectativas. Agora só me escondo debaixo da mesa."

BEM-VINDOS À SALA DE ESTRATÉGIA 9

Recentemente, vimos um CEO pedir para sua equipe elaborar alguns planos agressivos de crescimento. Ao recebê-los, gostou de muitos, mas constatou que seria preciso apertar o cinto, pois não havia como financiar todos eles. No final, não querendo frustrar a maioria dos membros da equipe alocando recursos de maneira desproporcional para os planos mais "viáveis", concedeu um pouco de recurso para todos. Desnecessário dizer que nenhum obteve recursos suficientes para progredir. Outro CEO pediu mudanças ousadas à sua equipe e recebeu uma ideia de fusão que ofereceria novos serviços nos Estados Unidos. Embora a ideia tenha passado por um rigoroso processo de *due diligence*, o CEO ficou receoso e desistiu. Um terceiro CEO elaborou um plano para avançar para a tecnologia 5G de telefonia celular, o que teria dado à empresa uma vantagem competitiva temporária na Europa. Entretanto, julgou improvável que o Conselho aprovasse um plano tão ousado e decidiu censurar a proposta para se proteger. Acabou apresentando um plano que não era muito mais do que uma mera extensão do passado.

Nossa pesquisa indica que, para avançar continuamente em relação às empresas concorrentes, você precisa, acima de tudo, escolher os mercados certos nos quais competir. Mas também tem que mover, com força suficiente, no mínimo algumas das alavancas que identificamos acima, se quiser ultrapassar certos limiares bem quantificados. A boa notícia é que essas grandes mudanças não se dão às custas de um aumento do risco. Na verdade, nossos dados mostram que talvez o maior risco esteja em não realizar mudança alguma.

Por ora, isso pode soar um pouco frívolo, mas à medida que for lendo o livro, você obterá os dados concretos e os *insights* reais de que precisa para apoiar suas decisões.

A jornada à nossa frente

Nossa intenção é levar você em uma jornada pela sala de estratégia para finalmente aumentar suas chances não apenas de discernir quais são as mudanças certas, mas também para entender o lado social da estratégia a fim de realmente pôr em prática tais mudanças. Por ora, afirmamos apenas que nossos *insights* se articulam perfeitamente. Os dados e a visão externa são importantes para dar a você a chance de enfrentar com sucesso os problemas causados pelo lado social da estratégia e pela propensão desta à inércia e às mudanças tênues que parecem ser seguras.

Sob muitos aspectos, nossos *insights* assemelham-se às descobertas dos economistas comportamentais, remontando a Herbert Simon na década de 1950, que ganharam fôlego nas últimas décadas com Daniel Kahneman e, mais recentemente, Richard Thaler, ambos Prêmio Nobel em economia. Tradicionalmente, os economistas consideravam que todos nós agimos racionalmente, o que levava a curvas verticais e fáceis de entender, embora no mundo real raramente conseguissem prever comportamentos efetivos. O fato é que as pessoas não veem sua vida como uma série de índices de utilidade. Os economistas comportamentais ajudaram a esclarecer como as pessoas pensam e se comportam.

Assim como os economistas comportamentais, nós também aprendemos que abordagens puramente racionais — a próxima matriz 3×3, os mais recentes estudos de caso das melhores práticas — raramente contribuem para avanços em estratégia. Contudo, observações do que realmente ocorre nas salas de estratégia — e nas diretorias de corporações do mundo inteiro — nos dão esperança de que é possível gerar uma visão externa que melhorará a qualidade da estratégia e, consequentemente, o desempenho da empresa. Após uma longa série de discussões acaloradas com muitos de seus colegas e de nossos sócios e parceiros em todo o mundo, sentimos que estamos prontos para lançar uma nova luz sobre o que ocorre na sala de estratégia.

Com base em nossas observações empíricas e *insights*, levaremos a discussão do âmbito teórico para o domínio do comportamento real e disponibilizaremos nossos dados para que você possa iniciar conversas mais frutíferas com sua equipe.

BEM-VINDOS À SALA DE ESTRATÉGIA 11

Se formos bem-sucedidos, teremos lhe proporcionado uma oportunidade de melhorar sua atuação de várias maneiras, incluindo:

- Aprimorar a qualidade das propostas que são discutidas em sua sala de estratégia.

- Manter um diálogo sobre estratégia muito diferente com sua equipe, muito mais colaborativo e voltado para o aprendizado.

- Promover mais autenticidade, mais rigor e desafios melhores em sua sala de estratégia.

- Tomar decisões melhores e menos tendenciosas, ajustadas às influências empíricas de uma visão externa.

- Liderar sua equipe com mais coragem para realizar mudanças importantes, assumir riscos calculados e comprometer-se mais vigorosamente na execução de suas estratégias.

Para que você dome o lado social da estratégia, começaremos examinando por que a gestão é algo tão difícil. Em seguida, apresentaremos uma nova maneira de monitorar o progresso mediante comparações com o universo de todas as empresas, não apenas com seu setor ou com seu desempenho anterior. Examinaremos a fundo como interpretar as dez principais variáveis (as quais, coletivamente, designamos como atributos intrínsecos, tendências e mudanças) para que você possa calcular suas chances de sucesso — e melhorá-las enquanto ainda há tempo. Por fim, no final do livro, compartilharemos conselhos eminentemente práticos, oito mudanças projetadas para ajudar a mudar a dinâmica em sua sala de estratégia. Por exemplo, explicaremos como transformar o processo estratégico de um evento em *staccato* em uma conversa em constante evolução. Explicaremos como evitar a pulverização dos recursos e como realocá-los para aquilo que puder proporcionar as maiores vitórias; como transferir seu foco da definição de metas orçamentárias para a geração de grandes mudanças; como acabar com o *sandbagging* [redução proposital das expectativas para garantir resultados]; e mais. Essas mudanças podem tornar seu processo estratégico muito mais eficaz e, esperamos, também mais estimulante.

O que você precisa fazer? Apenas duas coisas: preparar-se para enfrentar o lado social da estratégia e abrir as portas de sua sala de estratégia de modo a permitir que uma visão externa e orientada por dados faça parte da discussão.

Estando pronto e disposto a isso, você verá sua empresa e sua equipe de liderança com novos olhos, desenvolverá estratégias melhores e terá mais chances de executá-las bem. Em suma, você aumentará as chances de ter sucesso.

Capítulo 1

Jogos na sala de estratégia — e por que as pessoas participam deles

A estratégia é precisamente o problema errado para o cérebro humano e o problema certo para fazer jogos, especialmente quando a "visão interna" permanece incólume.

Muitos processos de planejamento de estratégia corporativa começam com um memorando como o da próxima página. Você provavelmente já viu um antes — ou até mesmo já escreveu alguns. Eles costumam exigir que você e seus colegas trabalhem arduamente meses a fio, utilizem ferramentas sofisticadas, obtenham as mais variadas informações e recorram a uma profusão de dados.

O memorando em si é bem simples:

Para: Equipe de Liderança
CC: Equipe Corporativa
Assunto: Processo de Estratégia de 2018

Prezada Equipe de Liderança,

Com esta mensagem, damos início ao ciclo de estratégia de 2018, tomando por base o excelente trabalho em 2017. Executaremos o processo em três etapas:

1. Análise de mercado, a ser finalizada em março

2. Questões-chave, agendadas para maio

3. Plano completo de 5 anos, a ser concluído em junho

Em agosto, discutiremos com o Conselho o plano totalmente integrado, quando então lançaremos o Plano Operacional Anual de 2019.

Limitamos o formato a cerca de 50 páginas e gostaríamos que preparassem um Sumário Executivo de 10 páginas para cada sessão, para que possamos focar os tópicos importantes.

Aguardo com máximo interesse nossas discussões.

S.Miller
Susan Miller, CEO

Modelos para nossas discussões:
["Análise de mercado"] ["Questões-chave"] ["Plano completo de 5 anos"]

Depois que o memorando é enviado, e após vários meses de trabalho induzidos por ele, você geralmente terá adquirido uma compreensão concreta do que está acontecendo no mercado e das opções que tem para agir. O CEO liderará uma série de discussões e formulará uma estratégia, que será aprovada pelo Conselho. Em seguida, você preparará o orçamento...

... e praticamente nada acontecerá.

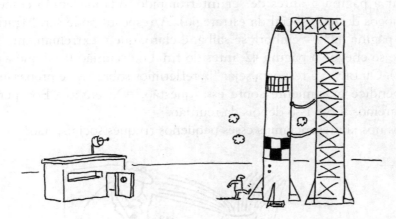

Os resultados não costumam ser um problema sério. Raras vezes você enfrentará questões existenciais como as da Kodak, Blockbuster ou Nokia — esses casos de grande destaque recebem muita atenção em parte porque são incomuns. Porém, mesmo quando uma estratégia é "bem-sucedida", as vitórias tendem a ser poucas.[1] Raras vezes a estratégia faz grande diferença e não por muito tempo. Não é tanto uma questão de o foguete perder o rumo em pleno voo; o mais frequente é ele não ser lançado com energia suficiente para chegar à Lua. Após tanto tempo e esforço despendido, quanto você cresceu no último ano?

O lado social da estratégia em ação

A visão interna cria um verdadeiro laboratório em que podem ser cultivadas disfunções de todos os tipos tão logo aquele memorando de estratégia seja enviado, produzindo o tipo de cenário que todos nós já testemunhamos:

No sábado anterior à discussão sobre a estratégia, o CEO recebe aquele documento de 150 páginas, sem contar os apêndices, para fazer uma pré--leitura. O CEO sabe que a discussão que está para começar não tratará do conteúdo; pelo contrário, o processo todo é uma espécie de balé gerencial coreografado para aprovar a estratégia proposta e os recursos solicitados.

Na segunda-feira de manhã, o apresentador inicia a apresentação com um quadro geral do mercado e uma análise da concorrência. Alguém faz uma pergunta sobre a página 5 (julgamos que o apresentador terá uma chance razoável de chegar à página 5 antes de ser interrompido, quando então começam a sério os jogos do lado social da estratégia). A resposta pode ser: "Trataremos disso na página 42" — embora se saiba, é claro, que é extremamente improvável que se chegue à página 42 antes do final da reunião (se é que a página 42 existe). Ou talvez a resposta seja: "Já refletimos sobre isso e preparamos um longo apêndice exatamente sobre essa questão." Ou então: "Boa pergunta! Conversaremos sobre isso depois da reunião."

Todos nós já presenciamos esses pequenos truques sociais, não?

Em reuniões sobre estratégia, os apresentadores geralmente não parecem buscar o diálogo. Na verdade, parecem tentar se desviar das perguntas tanto quanto possível, sob a justificativa que estão tentando "apresentar todo o material". Eles querem chegar à última página da apresentação com o mínimo de transtorno possível e obter a importantíssima aprovação para o plano, para o pedido de recursos e para entrar na fila da próxima promoção. Considera-se uma reunião bem-sucedida aquela com pouquíssimo atrito e muito bom humor.

Avancemos um pouco na apresentação da estratégia até a discussão sobre participação de mercado ou a análise dos pontos fortes e fracos. Qual é a probabilidade de um plano mostrar uma participação de mercado baixa ou em declínio? Com que frequência uma análise SWOT[2] contempla o lado mais fraco? Todas essas análises ressaltam pontos fortes, embora saibamos que nem todas as empresas podem sair vencedoras. Se uma empresa aumenta sua participação e torna-se mais forte, outras precisam perder. Com que frequência o apresentador chega à conclusão de que novos investimentos não

JOGOS NA SALA DE ESTRATÉGIA...

se justificam, que a empresa deve pensar em realocar recursos para outras áreas, apertar o cinto ou mesmo abandonar o empreendimento? Isso nunca acontece. Nas apresentações sobre estratégia, parece que todos são vencedores. O tempo todo.

CEOs, é claro, não são idiotas. Eles já presenciaram esses jogos antes e muitos admitirão de pronto que tiveram de participar deles algumas vezes ao longo do caminho. E até os CEOs admitem já terem podado os riscos de seus planos antes de apresentá-los ao Conselho.

Mesmo assim, o apresentador ainda poderá manipular os dados através da visão interna. Primeiramente, alguém fazendo uma apresentação sobre a própria unidade leva clara vantagem em termos de conhecimento sobre todos os demais presentes. Discorrer sobre o desempenho anterior, por exemplo, deveria ser simples, sendo apenas uma retrospectiva, mas não é. Muitas vezes, há distorções sutis demais para serem captadas durante uma conversa na sala de estratégia. A participação de mercado pode ser definida mais favoravelmente se forem excluídas regiões ou segmentos em que a unidade do apresentador não se sai bem. O desempenho fraco pode ser atribuído a fatores pontuais como o clima, esforços de reestruturação, novos ingressantes no mercado ou mudanças na regulamentação. Mercados podem ser "sumarizados" para eliminar todo e qualquer *insight* e as pessoas acabam desviando do assunto principal.[3]

O temido hockey stick

Esses jogos internos logo nos levam ao *hockey stick*, o ícone do lado social da estratégia mostrado no Quadro 1.

Hockey sticks estão em toda parte. Poderíamos até dizer que "plano de negócios" é o termo técnico para um. Todos nós já vimos os gráficos que mostram receitas e lucros com crescimento exponencial em alguns anos: "Tudo o que precisamos é de um pouco de investimento no primeiro ou segundo ano, um pouco de tolerância com algumas perdas, e então começaremos a falar em cifras gigantescas. Será sensacional. Basta conseguirmos alguns recursos adicionais hoje e que permaneça conosco durante uns poucos anos magros, e produziremos um foguete que chegará às estrelas!"

Como muitos descobrimos por experiência pessoal, esses *hockey sticks* raramente se materializam, mas são uma ótima maneira de barganhar recursos para o tão importante orçamento operacional do primeiro ano. As pessoas fazem afirmações ambiciosas, argumentando que precisam de um volume significativo de recursos — tudo com pleno conhecimento de que, durante as negociações, obterão a metade do que pediram. Como nos disse um CEO: "O processo estratégico é uma dança ritual executada antes de se obter o que realmente importa: o plano operacional anual."

Quadro 1
A projeção *hockey stick*
Parece familiar?

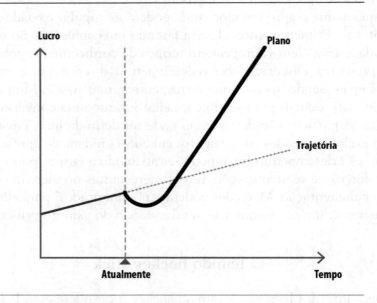

Os executivos sabem que, mesmo que não se concretize, uma projeção *hockey stick* tende a provocar menos repercussões do que nem chegar a apresentá-la. Tais projeções postergam o dia do juízo final. Quem sabe? Talvez o plano funcione perfeitamente. Talvez o executivo tenha sorte e as condições do mercado se mostrem ideais. Talvez o CEO esqueça a grande promessa ou talvez haja um novo CEO até lá. Talvez o executivo que apresentou o *hockey stick* já tenha seguido em frente. Seja como for, ele ajuda a vencer a discussão hoje e é nisso que se resumem os processos estratégicos: a prioridade é conseguir uma aprovação.

Há ainda outro motivo pelo qual você, como gestor, não pode não apresentar um: é o que todo mundo faz! Se você não fizer isso, mesmo sabendo que a projeção é "fora da realidade", estará enviando um sinal de que não confia na sua própria empresa. Apresentar *hockey sticks* é um ritual do qual todos têm de participar.

Os *hockey sticks* vieram para ficar.

Alguns executivos encontram maneiras de pôr fim às artimanhas. Quando Jack Welch era CEO da General Electric, por exemplo, ele declarou que todos os negócios da empresa tinham de ser o nº 1 ou o nº 2 em seu mercado. Com o tempo, porém, descobriu que os líderes das empresas redefiniam o mercado para afirmarem que eram o nº 1 ou o nº 2. Ele, então, passou a exigir que todos apresentassem uma definição de mercado no qual tivessem menos de 10% de participação, provocando assim uma ruptura no jogo dos denominadores.[4]

Com muito mais frequência, entretanto, o lado social transforma a conversa sobre estratégia em uma espécie de concurso de beleza no qual todos os participantes querem parecer bonitos, e os dados apresentados, cuidadosamente selecionados, enfatizam uma impressão positiva. Em um discurso no encontro global anual de sócios da McKinsey, o então CEO de uma grande operadora de cassinos de Las Vegas disse: "Sempre que chego a uma de nossas propriedades e me encontro com o gerente geral, ele inevitavelmente afirma que tudo está indo bem, não importa qual seja o desempenho real. Sempre fazem um discurso impressionante sobre os motivos de seus negócios estarem indo bem ou, caso estejam perdendo dinheiro, explicam por que tudo está prestes a melhorar muito. [Suspira] Eu só queria uma vez, apenas uma vez, ter encontrado alguém que chegasse para mim e dissesse: 'Cara, as coisas não vão nada bem por aqui e, para falar a verdade, não sei como sair dessa. Realmente não entendo por que tudo está indo por água abaixo. Mas já pusemos as mãos à obra e estamos com as mangas arregaçadas para tentar dar uma virada na situação.'"

Conseguimos suportar a verdade?

Por que as pessoas não são tão francas quanto gostaríamos que fossem? Por que são politicamente corretas? Lembra do filme *Tootsie* e da interação clássica entre Michael (Dustin Hoffman) e Julie (Jessica Lange)? Michael se apaixonara por Julie, mas não tinha ideia de como se aproximar dela. Travestindo-se de mulher, Tootsie torna-se confidente de Julie e ouve-a lamentar que os homens estão sempre a paquerando e dizer que amaria um homem que fosse sincero. Julgando ter decifrado o código, Michael, não mais vestido de mulher, diz a Julie exatamente o que ela afirmara querer ouvir de um homem. Ela lhe dá um tapa forte na cara e vai embora.

Podemos pensar que queremos a verdade, mas, se formos sinceros, talvez nem sempre a desejemos. Jack Nicholson, como coronel Jessup em *Questão de Honra*, diz: "Você quer a verdade? Você não é capaz de suportar a verdade!" Todos nós aprendemos ao longo da vida que a franqueza é algo arriscado, a tal ponto que não podemos sequer imaginar um executivo que diga ao CEO que sua unidade enfrenta problemas, mas ele não tem ideia do motivo. Esse executivo provavelmente teria muito mais a temer do que uma reprimenda.

O ego das pessoas, suas carreiras, seus bônus, seu *status* na organização e os recursos que obtêm para financiar o crescimento de seus empreendimentos dependem, em grande medida, de serem mais ou menos convincentes ao apresentarem suas estratégias e as perspectivas do mercado. Basta ver o que estão dispostas a fazer para criarem perfis "bem-sucedidos" em sites de namoro — nem as fotos nem os fatos têm muita semelhança com a realidade. O objetivo é conseguir a primeira resposta e evitar ser relegado.

Todos nós já vimos isso nas empresas também. Alguns gestores projetam visão e competência na mesa de negociação, reivindicando mais recursos do que seria justificado. Outros recorrem ao *sandbagging* para evitar lances arriscados e certificam-se triplamente de que ultrapassarão as metas. Quando todo mundo joga, por que se destacar como a única voz da realidade?

Fazendo o jogo interno

Embora Conselhos e investidores estejam sempre exigindo progresso, além de certamente esperarmos isso de nós mesmos, muitas vezes apenas manter uma posição já é uma grande conquista. A competição é acirrada. Pense nisso: enquanto estamos trancados em nossa sala de estratégia, as mesmas discussões estão acontecendo do outro lado da cidade na sala de nosso concorrente. Embora aparentemente estejamos todos focados apenas nos assuntos postos à nossa frente, também estamos todos fazendo o sistema inteiro andar um pouco mais rápido.

Bill Joy, um pioneiro do Vale do Silício, disse: "Não importa quem você seja, a maioria das pessoas inteligentes trabalha para outros."[5] Pura verdade. E os concorrentes sempre agirão com máxima diligência para neutralizar sua estratégia ou buscar as mesmas oportunidades que você vislumbrou.

Contudo, se você for como a grande maioria das pessoas nas salas de estratégia ao redor do mundo, não terá muito interesse pelo que ocorre nas demais salas de estratégia ou pelas ideias inteligentes de seus concorrentes. Sua visão será uma "visão interna" e o seu jogo será mais um jogo interno. A visão interna costuma prevalecer nas salas de estratégia porque são ambientes confidenciais. O que entra na sala é, em essência, o que os participantes trazem consigo, principalmente as experiências relevantes gravadas na memória de alguns executivos. Muitos dados e informações também entram na sala, mas normalmente dizem respeito à própria empresa, a poucos concorrentes importantes e ao setor de atividade. Não são poucas as informações que ficam de fora. O ar torna-se abafado e reciclado. As pessoas começam a ler os pensamentos umas das outras.

As estratégias também podem acabar restringidas, pois são desenvolvidas "de baixo para cima" à medida que cada unidade projeta como será sua atuação nos próximos anos. Esses planos, que acabam incorporados à estratégia geral da empresa, raramente são comparados com dados externos, impedindo que se veja como planos de crescimento similares em empresas semelhantes se saíram na mesma situação.

O prêmio Nobel Daniel Kahneman, em seu brilhante livro *Rápido e devagar: duas formas de pensar*, explicou como as realidades do mundo exterior podem desaparecer e serem substituídas pelo que chamou de "visão interna". A visão interna leva as pessoas a extrapolarem seus dados e suas experiências, mesmo quando tentam fazer algo que nunca fizeram antes. Kahneman diz que ele mesmo foi vítima dessa tendenciosidade quando criou um novo plano de ensino e livros didáticos para o Ministério da Educação de Israel.[6] Tomando por base suas experiências em outros projetos, a equipe previu inicialmente que terminaria o trabalho em um período de 1 ano e meio a 2 anos e meio. Quando Kahneman examinou como equipes semelhantes haviam se saído em projetos similares, descobriu que 40% dessas equipes nunca chegaram a concluir o trabalho e as demais demoraram de 7 a 10 anos. A boa notícia é que *sua* equipe concluiu, mas levou 8 anos, mais do que o triplo do tempo previsto.

A longa duração do processo estratégico também pode incitar a visão interna. Estudos sobre tendências cognitivas mostram que especialistas se tornam mais confiantes à medida que coletam mais e mais dados — mesmo que esses dados adicionais não tornem suas projeções mais precisas.[7]

Além disso, o excesso de confiança é um reforço positivo. Leva as pessoas a ignorarem informações contraditórias, o que as torna mais confiantes, o que as torna mais propensas a ignorar informações contraditórias... À medida que semanas e meses vão passando e as planilhas vão se tornando maiores e mais detalhadas, um injustificado senso de confiança pode se consolidar. O fato é que, quanto mais sabemos, mais perigosos nos tornamos. A visão interna toma conta. E nos convencemos de que este ano teremos um plano vencedor, embora continuemos fazendo o mesmo que sempre fizemos.

Basta ver como as projeções econômicas são precisas e como são equivocadas. Nos Estados Unidos, o governo produz anualmente 45 mil itens de informação econômica e o setor privado gera outros 4 milhões, o que permite fazer previsões com vários pontos decimais de exatidão. Previsões são reconfortantes. E os prognosticadores são pessoas inteligentes. No entanto, a maioria dos economistas não previu as três últimas recessões dos Estados Unidos — em 1990, 2001 e 2007 — e sequer viu essas recessões ocorrerem *depois* que elas já haviam começado. A estimativa inicial do crescimento da economia norte-americana no quarto trimestre de 2008 foi -3,8%; a queda real acabou sendo -9%. "Ninguém faz a menor ideia. É extremamente difícil prever o ciclo dos negócios", disse Jan Hatzius, economista-chefe da Goldman Sachs.[8] No entanto, agimos como se fôssemos capazes de fazer previsões com precisão de um ou dois pontos decimais.

Convoquem o guru

Sim, as equipes seniores às vezes tentam complementar suas visões internas explorando o mundo exterior. Uma das opções favoritas é convocar um guru. As discussões tendem a se tornar bastante interessantes e a instigar conversas.

JOGOS NA SALA DE ESTRATÉGIA... 23

Levantamentos feitos em nossas conferências globais sobre estratégia mostram que as pessoas amam gurus e eles são convidados para que as pessoas tenham um motivo imperioso para comparecerem. Todavia, com que frequência a apresentação de um guru realmente influencia a estratégia? Talvez obtenha *insights* sobre algumas tendências importantes, mas como você deve agir em relação a elas? Perceber indícios do que está prestes a acontecer é certamente mais fácil do que agir com base em tais prognósticos!

Frequentemente são solicitadas informações sobre outros setores que enfrentaram desafios comparáveis ao da situação em discussão, mas, na maioria das vezes, a discussão logo se encerra com alguma afirmação autorreconfortante como "Nosso setor é diferente" ou "Atuamos nesse setor há 100 anos; agora vem esse cara e tenta nos dizer que devemos fazer o quê?". Ouvimos esse tipo de comentário o tempo todo, especialmente quando somos jovens.[9] O motivo? Bem, muitas vezes as pessoas temem que uma analogia ou comparação insinue que um nível mais alto de desempenho possa ser alcançado. Isso significaria metas mais rigorosas, o que por sua vez significaria bônus menores. Não é que as pessoas não queiram aprender. Constantemente, elas gostam de ver a tradução da analogia e do potencial de desempenho, mas apenas em reuniões privadas. Não querem discutir essas questões em reuniões mais amplas — certamente não na sala de estratégia, e jamais em reuniões do Conselho.

Dificuldades com os atuais processos estratégicos não são nenhuma novidade para você? Bem-vindo ao clube! Mais de 70% dos executivos que entrevistamos[10] dizem que não gostam de seu processo estratégico e 70% dos membros do Conselho não confiam nos resultados.

O problema errado para cérebros humanos

Muitas vezes julgamos que, se conseguirmos identificar um problema, seremos capazes de superá-lo. Somos pessoas inteligentes, e nosso cérebro e nossa vontade são instrumentos poderosos. Entretanto, simplesmente conhecer os problemas sociais não é suficiente por dois motivos. O primeiro é que a estratégia é feita por seres humanos. O segundo é que a estratégia é feita por seres humanos trabalhando juntos.

Comecemos pelo fato de ela ser "feita por seres humanos".

Embora a estratégia devesse ser um exercício puramente intelectual, uma espécie de jogo de xadrez corporativo, talvez jogado em três dimensões pelos melhores profissionais, os problemas de estratégia são exatamente os problemas de baixa frequência e alta incerteza aos quais o cérebro humano está menos adaptado.

As pessoas têm propensão a inúmeras tendências cognitivas inconscientes já bem documentadas — excesso de confiança, ancoragem, aversão à perda, viés de confirmação, erro de atribuição, etc.[11] Essas tendências existem para nos ajudar a filtrar informações na tomada de decisões.

Imaginemos um de nossos ancestrais vagando pelas planícies da África. Quando esse nosso parente distante se deparava com um leão, as chances de ele continuar fazendo parte de nosso *pool* genético atual seriam relativamente baixas se começasse a pensar nas nuvens, na beleza da paisagem ou na perspectiva de encontrar uma boa refeição naquele dia. Todos esses tópicos são interessantes e talvez importantes, mas não contribuem para a preservação da espécie ao enfrentar um leão. Com uma miopia induzida pelo medo, nosso antepassado se concentrava em uma só coisa: escapar ileso.

Assim, nosso cérebro está repleto de atalhos (heurística, em linguajar técnico) escondidos nas partes mais profundas da mente subconsciente e nos ajudam a tomar as decisões do dia a dia da vida moderna; somos todos aparentemente muito bons nisso, extremamente bons talvez. Basta pensar em como somos bons dirigindo carros; até mesmo a pessoa mais tola consegue sair-se bem numa estrada. Não, o problema não são as decisões cotidianas, que nos oferecem inúmeras oportunidades para praticar e nas quais qualquer erro gera um *feedback* imediato e possivelmente doloroso. Aqui, nosso cérebro evoluiu de modo a funcionar em uma espécie de piloto automático límbico, como o de nosso antepassado esquivando-se dos leões.

Entretanto, esses atalhos mentais involuntários podem distorcer os resultados quando somos forçados a tomar decisões que tenham consequências mais graves, decisões menos frequentes e altamente incertas, exatamente como as que precisam ser tomadas na sala de estratégia.

Até mesmo os executivos mais tarimbados têm apenas experiência restrita em tais situações. E seu reconhecimento de padrões é igualmente limitado. As decisões são tomadas sob incerteza e os resultados podem levar anos para aparecer. Enquanto isso, um sem-número de influências humanas, fatores de mercado, defasagens e distorções podem intervir, sobrepujando a capacidade de qualquer estrategista de prever resultados. O que efetivamente acontece pode ter pouco a ver com a qualidade da estratégia.

Tentar melhorar a tomada de decisões estratégicas é como tentar aperfeiçoar tacadas de golfe praticando com os olhos vendados, sem saber durante três anos se a bola entrou ou não no buraco.

Nossa mente tendenciosa

Imagine que tenhamos de decidir se doaremos nossos órgãos em caso de morte prematura. Esta parece ser uma questão muito importante, que deve certamente exigir considerável reflexão. Na realidade, porém, fatores aparentemente insignificantes — por exemplo, se o formulário de solicitação de carteira de habilitação inclui uma opção de inclusão ou de exclusão — fazem toda a diferença. Na Dinamarca, onde a opção do programa de doação é inclusão, 4% da população doa seus órgãos; na vizinha Suécia, onde o sistema é de exclusão, a adesão chega a 86%. Na Holanda, a inclusão chega a meros 28%, mesmo após grandes investimentos em marketing, enquanto a vizinha Bélgica, onde o sistema é de exclusão, registra participação de 98%. O sistema de inclusão da Alemanha conseguiu adesão de 12% da população, enquanto nos de exclusão das vizinhas França, Áustria, Hungria e Polônia a adesão supera 99%.[12] A explicação mais simples é que, quando confrontada com decisões complexas como aderir ou não a um programa de doação de órgãos, nossa mente tende a se deter e nós acabamos decidindo... nada. Nossa tendência é preencher o formulário sem marcar a opção que desejamos, não importa se é incluir ou excluir. O cérebro subconsciente é mais poderoso do que imaginamos.

"ELE LEVOU UM TIRO, MAS FELIZMENTE A BALA ATINGIU O CARTÃO DE DOADOR DE ÓRGÃOS."

Aqui estão algumas de nossas tendências favoritas que encontramos em salas de estratégia:

- **Efeito halo:** "O aumento de 6% nos lucros do ano passado foi reflexo da nossa decisão de continuar investindo no digital e, a despeito de condições comerciais adversas, prosseguir no corte implacável dos custos" — uma equipe se parabenizando, embora o lucro de *todo* o mercado tenha crescido 6%.[13]

- **Ancoragem:** "Prevemos um crescimento de 8% para o próximo ano (mais ou menos 1 ponto percentual) dependendo do cenário de demanda. Chegaremos lá fortalecendo ainda mais nossos projetos atuais" — ou seja, certo ou errado, 8% é o ponto de partida da negociação.

- **Viés de confirmação:** "Dedicamo-nos muito a analisar os motivos pelos quais isso vai funcionar" (mas nenhuma dedicação aos motivos pelos quais pode dar errado). "Também soubemos que nosso maior concorrente está explorando essa oportunidade" (logo, deve ser uma boa ideia). Boa sorte ao tentarem interromper o *momentum* deste projeto.

- **Viés de campeão:** "Temos uma ótima equipe nos apoiando e já alcançamos sucesso em projetos similares antes. Vocês devem confiar que seremos bem-sucedidos novamente" — desviando a atenção dos méritos do projeto em si.[14]

- **Aversão à perda:** "Não queremos colocar nossa linha de base em risco correndo atrás de projetos mirabolantes. Realmente apreciamos todo o trabalho dedicado a estratégias alternativas e a novos ramos de negócio, mas, no final, achamos que os riscos superam os benefícios" — mesmo que a linha de base existente esteja ameaçada.

"Suas metas orçamentárias teriam mais peso se nos dissesse quem você é."

JOGOS NA SALA DE ESTRATÉGIA... 27

Quando se reúne um grupo de pessoas que compartilha certas experiências e metas, elas geralmente acabam contando histórias umas para as outras (quase sempre favoráveis) e cria-se o antro perfeito para que tais tendenciosidades proliferem. Por exemplo, um estudo descobriu que 80% dos executivos acreditavam que seu produto se destacava dos da concorrência — embora apenas 8% dos clientes concordassem.[15] Esse tipo de viés de confirmação é o motivo pelo qual as pessoas leem publicações com a mesma inclinação política que a sua. Podemos tentar desafiar a nós mesmos, mas o que realmente queremos é um aceno aprobatório confirmando nossas crenças e convicções.[16]

Percepções também podem ser mais importantes do que a realidade. O respeito por realizações passadas, por exemplo, pode exercer papel determinante. Um engenheiro lendário, promovido à liderança da divisão de comutadores de um produtor europeu de equipamentos de telecomunicações, era atendido em literalmente *todas* as solicitações de recursos que fazia, até que a empresa perdeu o bonde da transição para redes baseadas em roteadores e tornou-se alvo fácil para uma aquisição.

Processos estratégicos também são suscetíveis ao viés do sobrevivente.[17] Não há ruído algum vindo do "cemitério dos fracassos silenciosos" porque só vemos o que aconteceu, nunca o que não aconteceu.[18] Lemos estudos de caso sobre grandes empresas que tiveram sucesso, com explicações *a posteriori* perfeitamente cabíveis de como elas chegaram lá. Muito se fala sobre Warren Buffett, mas nada ouvimos sobre os milhares de investidores que decidiram adquirir empresas no mesmo ano que Buffett e fracassaram. Podemos medir com precisão o comportamento dos clientes que temos; mas e as vozes silenciosas dos clientes que não temos? Nossas experiências tendem a ser moldadas pelo que aprendemos com os sobreviventes e, de certo modo, somos todos "sobreviventes" — nossas salas de estratégia estão repletas de tendenciosidades que decorrem do simples fato de não termos fracassado fenomenalmente.

Os processos estratégicos são realmente fortes candidatos ao título de maior zoológico do mundo de tendências histriônicas e distorções sociais.

Agora adicionemos a dinâmica social ao *mix*

Por mais difícil que seja superar essas tendenciosidades individuais, elas são apenas parte do motivo por que não basta simplesmente entender os problemas sociais da estratégia e supor que seremos capazes de resolvê-los. Pois assim que introduzimos pessoas na estratégia, tendenciosidades surgem. E se então introduzirmos outras pessoas — isto é, se quem aprova não for a mesma pessoa que faz — surgirão os chamados problemas de agenciamento.[19]

Não nos interprete mal. Temos enorme respeito pelas pessoas envolvidas no processo estratégico, que tendem a ser os líderes mais inteligentes e experientes da empresa. Nem estamos sugerindo que as pessoas sejam mal-intencionadas, incapazes ou ambas as coisas — muito pelo contrário, na verdade. Todas trazem muita experiência, energia e ideias para suas missões. Mas trazem perspectivas tendenciosas também.

Os problemas de agenciamento são alimentados por incongruências entre os gestores e os demais *stakeholders*. Aqui estão algumas das maneiras mais conhecidas dos gerentes agirem em seu próprio interesse, não no da empresa ou de seus *stakeholders*:

- **"*Sandbagging*"**: "Não vou arriscar meu pescoço. Só concordarei com um plano que eu tenha certeza de que conseguirei realizar. Minha reputação está em jogo e não posso me arriscar a ser a única divisão que estoura o orçamento." A realidade é que a atitude dos indivíduos perante o risco tende a ser diferente da atitude da empresa como um todo.

- **"O jogo breve"**: "Não importa, pois outra pessoa estará comandando esta divisão daqui a 3 anos. Até lá, só preciso garantir desempenho, uma boa bonificação e uma promoção, ou talvez ser contratado por nosso concorrente." As motivações de um executivo não se alinham automaticamente com as dos proprietários.

- **"Façam as coisas do meu jeito ou o problema é de vocês"**: "Eu conheço a empresa e o setor melhor do que o CEO e melhor do que o Conselho. Eles terão de se fiar na minha palavra. Se eu disser que algo é difícil demais, então é difícil demais. Se eu não obtiver os recursos que pedi, aí está a minha desculpa para não cumprir o prometido." Executivos de linha possuem conhecimento privilegiado e, muitas vezes, o CEO e o Conselho não têm outra escolha senão aceitar sua versão da verdade.

- **"Eu sou meus números"**: "Sou julgado pelos meus números, não pelo que faço com meu tempo. Vou trabalhar duro apenas o suficiente para atingir minhas metas, não muito mais que isso." Um supervisor não consegue observar diretamente a qualidade do esforço de seus subordinados e os resultados alcançados podem ser cheios de distorções. Resultados ruins terão sido um fracasso louvável? Resultados excelentes terão sido pura sorte?

"Não me dou ao trabalho de ignorar dados e permitir tendenciosidades e problemas de agenciamento. Tenho subordinados que fazem isso por mim."

Você sempre espera que todo o seu pessoal esteja indo para a mesma direção. Na realidade, porém, cada um tem uma motivação diferente e, com certeza, suas informações são assimétricas. Um CEO tentará otimizar o sucesso geral de sua empresa, mas aqueles que se reportam a ele estarão muito mais preocupados com sua unidade de negócio e com quem que trabalha nela. Como poderia ser de outra forma? Todos nós sabemos que são as pessoas cujo negócio prospera que serão recompensadas. Elas, em sua grande maioria, não são más; apenas foram se aperfeiçoando para poderem participar do jogo. Na verdade, é possível que boa parte do *status* de um líder de negócios seja reflexo de sua aptidão para esse tipo de jogo. Segundo o viés de atribuição, você é os seus números; portanto, é melhor que eles sejam bons, não importa como tenha chegado a eles.

E não esqueçamos os incentivos, cuja quantidade é grande demais para que possamos recontar todos aqui e vão muito além da remuneração financeira. Fazer uma apresentação diante de seus superiores ou colegas é uma questão de orgulho. Seu histórico profissional é uma questão de ego. Sua equipe quer proteção. Charles Munger e Warren Buffett costumavam dizer: "95% do comportamento é movido por incentivos pessoais ou coletivos", mas logo se corrigiram: "95% foi um lapso; está mais para 99%".[20]

A estratégia envolve um conjunto complexo de motivações em um jogo complexo. Longe de terem uma única meta em que todos possam focar, os executivos têm de negociar o orçamento do próximo ano, competir por recursos, delegar responsabilidades, cumprir e encaminhar a seus superiores compromissos assumidos, impressionar o Conselho, inspirar confiança em um amplo grupo de *stakeholders* — tudo ao mesmo tempo. Eles sabem que precisam formular uma estratégia que alegue gerar um aumento de 15% a fim de obterem os 10% que realmente querem, e sabem também que o ato principal é o orçamento. A discussão sobre estratégia é apenas a primeira salva de tiros.

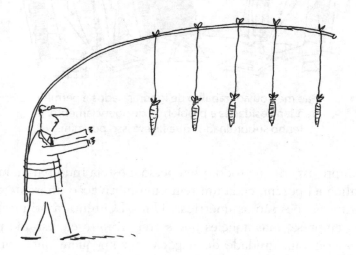

O estudo mais lido publicado pela McKinsey na década passada mostrou que as empresas que realocam capital rapidamente para novos empreendimentos com grande potencial de crescimento têm desempenho superior ao daquelas que adotam uma abordagem mais segura.[21] No entanto, tão preponderante é o lado social da estratégia que as empresas ainda tendem a adotar uma abordagem conhecida como *peanut butter* [manteiga de amendoim], que consiste em espalhar de maneira uniforme os recursos por toda a organização, mesmo quando está claro que as oportunidades são muito maiores em algumas áreas do que em outras.

Quando todos competem tão acirradamente por recursos, é difícil tomar decisões acerca de vencedores e perdedores. Às vezes, escolher um vencedor pode ser mais fácil, mas é definitivamente difícil deixar morrer de inanição um negócio com menos potencial, principalmente se seu líder tiver muito tempo de casa ou se o negócio for parte importante da história da empresa.

Qualquer que seja a motivação exata, os executivos usarão todo o poder social de que dispõem para melhorar suas chances de sucesso. É inacreditável o que as pessoas são capazes de fazer nesse sentido. Chegamos a ver um executivo, presidente de uma das maiores empresas de eletroeletrônicos do mundo, a quem haviam sido negados os recursos que ele julgava precisar, que incitou os membros leais do Conselho a demitirem o CEO. Essa história, a propósito, não terminou bem nem para o insurgente, que logo foi posto no olho da rua, nem para a empresa. Mas o fato é que, mesmo que não gostemos de reconhecer, somos criaturas sociais e cobiçamos *status* na tribo. Do ponto de vista evolutivo, este já foi um traço excelente, quando era fundamental ser o maior gorila da selva, mas pode tornar-se um obstáculo quando se trata de formular boas estratégias.

Quando a visão interna não é contestada

A condição ideal para a criação de estratégias defeituosas se dá quando a visão interna permanece incontestada, criando uma falsa sensação de certeza sobre o que vai acontecer. Muitas — na verdade, muitíssimas — pessoas formulam a estratégia como se elas fossem o único cavalo da corrida e praticamente ignoram que os concorrentes também estão formulando estratégias. Além disso, não titubeiam em gastar dinheiro apoiando decisões ruins a fim de que seus erros não venham à tona. Aquelas que atuam na sala de estratégia sentem-se confiantes, pois já contabilizaram todos os riscos que conseguem ver — sem se darem conta de que o perigo está nos riscos que não conseguem ver. Desse modo, o bom desempenho costuma ser atribuído às qualidades da gestão, enquanto a culpa pelo mau desempenho acaba recaindo sobre as condições do mercado.

A incapacidade da Kodak de se adaptar à fotografia digital tornou-se um exemplo clássico de fracasso estratégico. A história já foi contada tantas vezes que resistiremos à tentação de narrá-la por inteiro aqui. Contudo, vale a pena destacar o papel desempenhado pela visão interna.

Testemunhamos pessoalmente a vantagem inicial da Kodak em fotografia digital, após um de seus pesquisadores, em meados da década de 1970, inventar o sensor utilizado em câmeras digitais e, depois, o lançamento pioneiro de uma câmera compacta no final da década de 1990. É verdade que essa câmera da Kodak parecia um tijolo e que as fotos eram um pouco granuladas pelos padrões de hoje, mas era boa o suficiente para que fosse a única que um dos autores deste livro levou em sua viagem de lua de mel à Austrália (veja abaixo a foto original de 1997; nada mal, não?).

No início, a Kodak claramente não estava alheia à ascensão digital.[22] Todavia, as pessoas envolvidas no processo estratégico da empresa naquela época dizem que o verdadeiro problema foi que a alta gestão nunca conseguiu ir além de sua visão interna. Filmes, produtos químicos e papéis fotográficos existiam há tanto tempo que os gestores simplesmente não conseguiam imaginar um mundo em que as pessoas não se entusiasmassem com a ideia de colecionar fotos em álbuns. Ainda mais desalentador era o fato de que a tradição da empresa — os filmes fotográficos — gerava lucros brutos de mais de 60% há muito tempo. Era difícil mudar uma empresa que vinha mantendo esse nível de desempenho há décadas — ainda mais porque esperava-se que as margens de lucro com eletrônicos fossem muito menores.

A premissa de que os filmes fotográficos existiriam para sempre nunca chegou a ser devidamente contestada na sala de estratégia, embora houvesse abundantes indícios em contrário — inclusive na própria Kodak, que realizara um grande estudo a respeito no início dos anos 1980. A diretoria nunca debateu a sério a possibilidade de a tecnologia digital mostrar-se superior. A empresa gastou meio bilhão de dólares para desenvolver uma câmera, a Advantix, que, apesar de ser totalmente digital, ainda usava filme e gerava cópias impressas (a capacidade digital apenas permitia visualizar as imagens e decidir quais revelar). Foi um fiasco total. Os clientes não gostavam de fotos impressas tanto quanto os estrategistas da Kodak imaginavam.

Revistas e livros de negócios já compilaram uma lista bastante impressionante de casos semelhantes, em que empresas outrora grandes enfrentaram dificuldades quando as tendências mudaram as regras do jogo ou seus modelos de negócios perderam o fôlego: Circuit City, Sears, Grundig e Wang, para mencionar só algumas. Com isso, os estrategistas de hoje são muito mais propensos a buscar uma perspectiva externa e a trazê-la para dentro da sala de estratégia — mesmo que o jogo interno continue dificultando a ação. Para a maioria das empresas, o melhor indicador do orçamento do próximo ano ainda é o orçamento deste ano — mais ou menos alguns pontos percentuais, é claro.

Os processos estratégicos costumam implicar um compromisso de alto nível com a transformação. Entretanto, com excessiva frequência — tal como ocorre com quem não consegue fazer dieta ou deixar de fumar — os processos não chegam a vir à tona para ab-rogar os compromissos anteriores que imunizam a empresa contra a mudança. Como nos disse um CEO: "Se você quer pôr em prática uma boa ideia, tem de ir atrás dela até o último detalhe. Só porque o grupo disse 'sim' não significa que algo vá acontecer." Efetuar mudanças nas corporações de hoje é como tentar mover um polvo de lugar; mesmo que uma das pernas esteja totalmente empenhada em avançar para a pedra seguinte, as outras sete permanecem fortemente apegadas à rocha que já estão segurando.

• • •

Contudo, somente mudar mentalidades não basta. O lado social da estratégia não abandonará a luta tão facilmente. Um instrutor de golfe não ajudará em nada se disser: "Não dê um *slice*." Ele precisa oferecer algo positivo para que você possa resolver o problema. Assim, apresentaremos em seguida a pesquisa empírica que irá lhe proporcionar uma visão externa.

Começaremos oferecendo uma nova maneira de mapear a situação competitiva e mostrando-lhe aonde você precisa ir. Será uma jornada e tanto. Continue conosco.

Capítulo 2

Abrindo as portas da sua sala de estratégia

A Curva de Potência construída a partir do lucro econômico de milhares de empresas oferece uma nova "visão externa" do universo da estratégia como ele realmente é.

Antes de Cristóvão Colombo zarpar para o Novo Mundo em 1492, os mapas-múndi eram muito detalhados — e muito errados. Por exemplo, um mapa típico seria parecido com o de Fra Mauro, mostrado na próxima página.[1]

Os cartógrafos conheciam bem a Europa e desenharam esse continente com razoável precisão — como você pode ver na parte central do mapa, à direita. (Para entender melhor, vire-o de cabeça para baixo, pois na época o sul ficava no topo.) Lá está a Espanha, logo à direita do ponto preto, seguida dos extremos meridionais da Itália e, em seguida, da Grécia se seus olhos vasculharem o Mediterrâneo da direita para a esquerda.

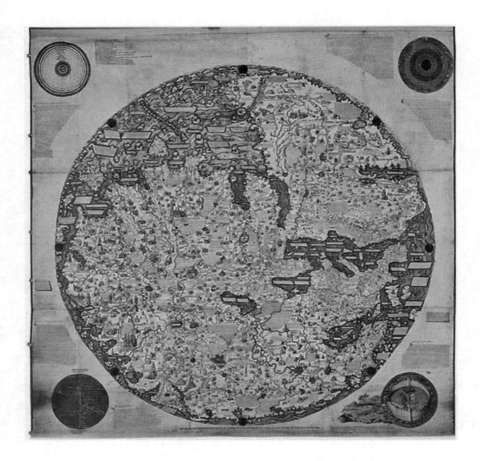

Entretanto, esses cartógrafos também desenharam a África e a Ásia com igual confiança, embora pouco conhecessem desses litorais inexplorados. Não chega a surpreender que tenham ignorado o hemisfério ocidental. O mapa não faz distinção entre os familiares territórios mediterrâneos, traçados minuciosamente, e os mitos que preenchem as bordas mais distantes. Tal como está, ele parece realmente completo — não sobra nenhum espaço para a curiosidade. Desse modo, quando Colombo navegou da Espanha para o oeste, ele pensou estar a pouco mais de 6 mil quilômetros do Japão, quando na verdade estava a quase 20 mil quilômetros de distância e com um continente desconhecido no meio do caminho.

Depois que Colombo chegou a esse novo continente, na região que hoje chamamos de Índias Ocidentais, os cartógrafos perceberam o quanto lhes era desconhecido e tornaram-se mais contidos. Passaram a desenhar apenas o que de fato conheciam e deixavam espaços em branco para os exploradores preencherem. Os mapas começaram a se parecer com o que é mostrado abaixo, desenhado por Diogo Ribeiro em 1529,[2] traçando o contorno da costa leste dos novos continentes, mas deixando o resto para depois. Além disso, já estava de "cabeça para cima". Em apenas uma geração, o mapa-múndi foi irrevogavelmente transformado, uma verdadeira mudança de paradigma.

Os continentes, claro, não se chamam Colombo do Norte e Colombo do Sul, mas sim América do Norte e América do Sul, em homenagem a um italiano, Américo Vespúcio, que desempenhou um papel ínfimo nessas primeiras viagens. Vespúcio mereceu a honra porque, enquanto Colombo e muitos outros nunca questionaram a certeza daqueles velhos mapas, ele especulou em dois textos que as ilhas que Colombo descobrira eram na verdade parte de um novo continente. Um cartógrafo aceitou esse argumento em 1507 e, julgando equivocadamente que Vespúcio havia descoberto o continente, batizou-o de "América" em sua homenagem. Quando esse mapa se popularizou, outros adotaram o mesmo nome, que acabou se imortalizando. Tudo porque Vespúcio estava disposto a desafiar pressupostos.

Yuval Noah Harari, em *Sapiens: uma breve história da humanidade*, argumenta que os espaços em branco dos novos mapas não apenas fornecem o modelo certo para as Grandes Navegações, como também inauguram a Revolução Científica.[3] Ele acredita que as incertezas manifestas nesses mapas "modernos" orientaram uma classe inteira de cientistas a deixar espaços em branco para outros preencherem, já que o conhecimento aumentava em muitos campos científicos. A aceitação da ignorância teve de vir antes da aceitação do conhecimento.

Refletindo sobre essa questão, pareceu-nos que o estado atual da estratégia às vezes lembra esses primeiros mapas, com bons *insights* provenientes de uma visão detalhista, rodeados por uma narrativa minuciosa e convincente, com muita análise. Pode parecer que a sala de estratégia está tão repleta de slides e fatos da "visão interna" que há pouca margem para a curiosidade e para indagações sobre a visão externa. Simplesmente não há espaço suficiente para incerteza e exploração. Não queremos em absoluto sugerir que descobrimos um novo continente, mas julgamos que seria útil começar admitindo que o mapa utilizado para navegar pelo desempenho corporativo ainda não foi perfeitamente compreendido. Em vista disso, decidimos adicionar algumas informações a ele, incorporando uma "visão externa" que ajudará você a traçar um novo rumo para sua empresa ter um melhor desempenho.

E assim começamos nossa própria viagem de descobrimento.

O critério certo

Comecemos a criar o novo mapa definindo um critério claro de boa estratégia — uma bússola capaz de nos orientar ao longo do caminho.[4] Alguns sugeririam o aumento do preço das ações, mas nos pareceu volátil demais, excessivamente dependente das datas de início e término da medição e, talvez, influenciada um pouco além da conta por fatores fora controle dos gestores. Outros proporiam o crescimento da receita. E ainda outros aconselhariam usar os lucros ou o fluxo de caixa. Pois bem, será possível estipular uma única métrica para avaliar o desempenho da empresa? É provável que não, embora o lucro econômico chegue bem perto, a nosso ver.

Em sua essência, toda estratégia de negócios visa conquistar o mercado, ou seja, visa desafiar o poder que o mercado "perfeito" tem de forçar o excedente econômico de volta a zero. O lucro econômico, o lucro total depois de subtraído o custo do capital, mede o sucesso alcançado nesse embate mostrando o que sobrou depois que as forças da concorrência cumpriram seu papel.[5] Evidentemente, as empresas também buscam outros objetivos, como produzir invenções, garantir emprego, prestar contribuições sociais ou construir comunidades. Mas se uma boa estratégia consegue domar as forças do mercado, o lucro econômico residual aumentará, facilitando ainda mais a realização dos demais objetivos.

ABRINDO AS PORTAS DA SUA SALA DE ESTRATÉGIA   41

Estranhamente, você não encontrará o lucro econômico em muitas demonstrações financeiras auditadas e nossas pesquisas mostram que ele raramente é utilizado no mundo da estratégia. Alguns executivos chegam a nos perguntar: "Mas não acabamos de jogar o VEA (valor econômico agregado) pela janela?" Bem, nós o estamos trazendo de volta.[6] Acreditamos que o valor econômico agregado seja uma boa métrica, pois mostra quanto a empresa sobrepujou o mercado e indica o grau de seu sucesso nesse sentido. O lucro econômico não somente mede o lucro e a escala, mas também incorpora o crescimento do lucro, o aumento das vendas e o fluxo de caixa.

Se tivermos de escolher uma só variável para medir uma empresa, ou, pelo menos, sua contribuição puramente econômica, o lucro econômico seria o escolhido.

Realizamos muitas apresentações sobre esse tipo de trabalho e frequentemente nos perguntam: "Mas e o retorno dos acionistas, ou VPL (valor presente líquido)?" O crescimento do lucro econômico contribui para aumentar o retorno dos acionistas, mas é muito menos afetado por externalidades e está sob maior controle dos gestores. Verificamos que, ao longo de um período de 10 anos, empresas no quintil superior (em termos de crescimento do lucro econômico) proporcionaram o maior retorno total aos acionistas (+17% ao ano), enquanto as no quintil inferior ofereceram o menor retorno (+7% ao ano). O lucro econômico captura os dois parâmetros que sabidamente impulsionam o preço das ações ao longo do tempo: retorno do capital investido (ROIC) e crescimento.[7] Além disso, existem muitas empresas comerciais que não estão listadas nos mercados públicos, de modo que o lucro econômico é uma medida de aplicação mais universal.

Tentemos conhecer melhor esse critério (veja o Quadro 2). De 2010 a 2014, a empresa média de nosso banco de dados das maiores organizações do mundo obteve US$920 milhões de lucro operacional anual. Para obter esse lucro, utilizaram cerca de US$9,3 bilhões em capital investido, incluindo o *goodwill* despendido em aquisições passadas.[8] Dividir um pelo outro nos dará um retorno do capital investido de 9,9%. Entretanto, investidores e credores da empresa média exigiram um retorno de 8,0% para remunerar a utilização de seus recursos (medido pelo custo médio ponderado do capital), de modo que os primeiros US$740 milhões de lucro servem apenas para compensar o que foi investido. Ou seja, restam US$180 milhões de lucro econômico: o *spread* do custo do capital da empresa média multiplicado pela escala de seus negócios.

Quadro 2

O critério estratégico que não pode ser ignorado
Usamos o lucro econômico como medida de criação de valor

Média anual, 2010–14, n=2.393

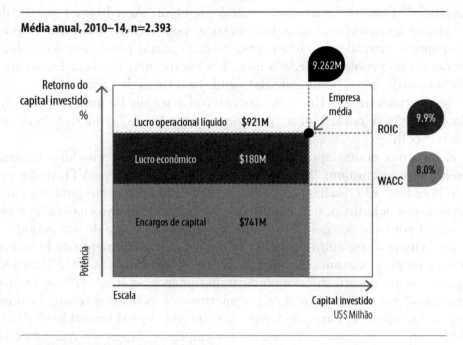

Fonte: Corporate Performance Analytics da McKinsey

Sua empresa vive em uma Curva de Potência

Após traçar todos os lucros econômicos em uma linha ordenada, você constata que eles demonstram uma lei de potência — as extremidades da curva sobem e descem a taxas exponenciais, com períodos longos de continuidade no meio.[9] Ou seja, você obterá um gráfico similar ao do Quadro 3, chamado de Curva de Potência.

Para produzirmos o gráfico da Curva de Potência, analisamos dados sobre o desempenho financeiro das 2.393 maiores empresas não financeiras por faturamento entre 2010 e 2014 e estimamos o lucro econômico médio de cada uma.[10] A Curva de Potência mostra o lucro econômico médio de cada empresa ao longo desses cinco anos, classificados do menor para o maior. Em seguida, dividimos a Curva de Potência em três regiões: a parte de baixo da curva, que retrata as

ABRINDO AS PORTAS DA SUA SALA DE ESTRATÉGIA 43

Quadro 3
A Curva de Potência do lucro econômico
A distribuição global do lucro econômico é profundamente desigual

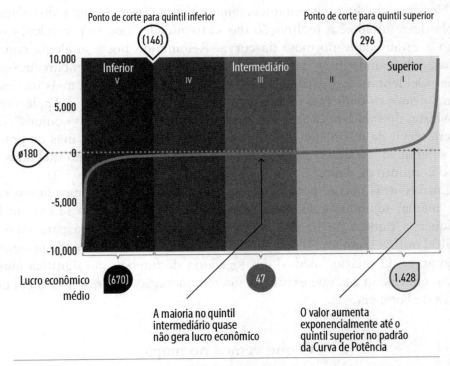

Sete empresas, com lucro econômico acima de US$10 bilhões ou abaixo de US$10 bilhões negativos, foram excluídas
Fonte: Corporate Performance Analytics da McKinsey

empresas do quintil inferior; o meio da curva, representando as empresas do segundo, terceiro e quarto quintis; e o topo da curva, mostrando empresas com lucro econômico no quintil superior. Há uma grande diferença entre o meio e o topo: o lucro econômico médio no topo é 30 vezes maior! Portanto, a menos que você já esteja no topo, a pretensão de se juntar às organizações do primeiro escalão é algo que provavelmente deveria estar em sua mente.

Há muitos exemplos de leis de potência em grandes conjuntos de dados, seja na economia, na demografia ou na natureza. A distribuição da magnitude dos terremotos obedece tais leis, assim como a distribuição da renda dos jogadores profissionais de futebol, ou mesmo a venda de livros. Outro exemplo é a Lei de Zipf, que ressalta que a palavra mais frequente em inglês (o artigo "the") ocorre cerca de duas vezes mais do que a segunda palavra mais utilizada (a preposição "of"), três vezes mais do que a terceira colocada (a conjunção "and") e assim por diante. O que é ainda mais notável é que esse exemplo de lei de potência vale para qualquer idioma.[11]

No caso do lucro econômico, embora esperássemos uma distribuição ampla de resultados, a inclinação das extremidades nos surpreendeu, assim como a estabilidade no meio da curva. Retomando nossa analogia com os mapas, julgávamos estar indo para o Japão e, ao invés, desembarcamos nas Índias Ocidentais. E a extremidade das curvas se torna ainda mais inclinada se incluirmos os *outliers* do lucro econômico: empresas como a Apple vivem em Marte, dois andares acima da curva de lucro das "empresas comuns". Elas podem servir de inspiração para líderes empresariais comuns, mas na prática não se enquadram na escala do gráfico (ainda que tenham sido incluídas em nosso conjunto de dados).

Entre outras coisas, percebemos que resultados tão extremos fazem com que "média" seja algo quase sem sentido. Se Jeff Bezos entrasse em um bar qualquer, a riqueza média dos demais frequentadores saltaria para mais de US$100 milhões, embora o patrimônio de cada um continuasse tão minguado como antes. O salário "médio" dos jogadores de futebol não significa muito, dado o enorme *spread* que existe em sua remuneração. Assim é a vida em uma Curva de Potência.

O que vemos no mapa

De volta à sala de estratégia, a Curva de Potência não é o mapa efetivamente utilizado. Nossa visão interna permite-nos ver como nos saímos em relação ao ano anterior, aos nossos concorrentes imediatos e às nossas expectativas para o ano vindouro. No entanto, se ampliarmos nosso campo de visão e voltarmos nossos olhos para o cenário maior da lucratividade, isto é, para todas as principais empresas de todos os setores e regiões, adquiriremos uma nova e importante perspectiva. Verificaremos que a esmagadora maioria dos lucros se encontra em um extremo da curva e aumenta exponencialmente à medida que nos aproximamos da sua extremidade. Portanto, uma boa estratégia não deve ser focada estritamente no ano passado ou no ano vindouro ou nos concorrentes. A meta da estratégia deve ser avançar para a direita na Curva de

Potência. Para a maioria das empresas, ou seja, todas as que se encontram nos três quintis intermediários, o desafio prático é como escapar do extenso e achatado meio da curva e avançar ao máximo para a direita, onde quase todo o lucro se acumula.

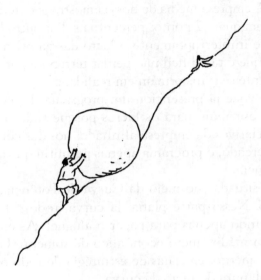

Não estamos dizendo que não há valor em se sair melhor do que no ano anterior. Claro que há. Também não estamos dizendo que toda empresa pode chegar ao topo da Curva de Potência. O autor e humorista norte-americano Garrison Keillor sempre mencionava seu fictício lago Wobegon, cenário de muitos de seus livros, onde "todas as mulheres são fortes, todos os homens são belos e todas as crianças são acima da média". Mas assim como não existe nenhum lago Wobegon em Minnesota, não existe uma solução milagrosa que permita a todos ter um desempenho excepcional. Porém, novamente, se ampliarmos nosso campo de visão e olharmos para o cenário maior do lucro econômico, nossa perspectiva será muito diferente do que se nos concentrarmos no ano que passou e no ano que virá. Essa nova perspectiva nos fornecerá um mapa a ser explorado quando estivermos traçando nossa estratégia.

Mostrar o gráfico da Curva de Potência para CEOs sempre acaba inspirando uma boa conversa, pois eles ficam curiosos para saber em que ponto sua empresa se encontra. Quase sempre, a reação inicial é que isso é uma mera questão de bom senso, ainda que não seja aplicado com frequência. Poucos chegam a apreciar como a região intermediária é longa e plana ou como as extremidades são inclinadas. Podemos extrair muitos *insights* importantes da Curva de Potência:

As forças do mercado são bastante eficientes. Segundo a teoria descrita nos livros didáticos, o lucro econômico deveria tender a zero ao longo do tempo, pois é eliminado pela concorrência. Temos o prazer de informar que, na maioria dos setores, os lucros continuam sendo possíveis porque os mercados da vida real não são perfeitos. A empresa média de nossa amostra gera retornos que excedem o custo do capital em quase 2 pontos percentuais. Por outro lado, é verdade que o mercado carcome ininterruptamente o lucro das empresas. Essa competição brutal explica por que é tão difícil não perder terreno e por que planos do tipo *hockey stick* raramente se transformam em realidade.

Quantas vezes você já presenciou um programa de melhoria de US$100 milhões que não contribuiu para os lucros porque tudo o que conseguiu foi manter os custos relativos da empresa alinhados aos dos concorrentes? Em vez de conquistar o mercado, o programa apenas permitiu que a empresa acompanhasse a concorrência.

Para empresas situadas no meio da Curva de Potência, o mercado cobra um tributo pesado. Nessa parte plana da curva, todo o trabalho árduo das pessoas acaba servindo apenas para pagar o aluguel. As empresas desses três quintis tiveram, em média, lucro econômico de somente US$47 milhões por ano. Mas, nesse momento, em salas de estratégia de todo o mundo, ninguém está discutindo a planura do meio da curva.

A curva é consideravelmente acentuada nos extremos. As empresas no quintil superior ficam com quase 90% do lucro econômico criado, em média US$1,4 bilhão por ano. Trata-se de um verdadeiro Hall da Fama do mundo empresarial, que inclui nomes familiares como Apple, Microsoft, China Mobile, Samsung Electronics, Exxon, Johnson & Johnson, Oracle, Vodafone, Intel, Cisco, Nestlé, Merck, Walmart, Coca-Cola, Audi, Unilever e Siemens.[12] O lucro econômico anual combinado do rol completo das 40 maiores empresas atingiu US$283 bilhões, mais da metade do lucro conjunto de todas as 2.393 empresas do nosso banco de dados (US$417 bilhões).

As empresas no quintil superior obtêm, em média, 30 vezes mais lucro econômico do que aquelas nos três quintis intermediários, enquanto as 20% restantes sofrem prejuízos econômicos profundos. Essa desigualdade existe também entre as empresas no quintil superior: as 2% melhores, juntas, lucraram tanto quanto as 8% seguintes. No setor de *smartphones*, as duas principais empresas — Apple e Samsung na época — obtiveram praticamente todo o lucro econômico. É isso mesmo: todos os demais fabricantes de celulares tiveram prejuízo ao longo desse período. A Apple lucrou mais "revendendo" memória em seus iPhones e iPads do que todos os fabricantes de chips de memória conseguiram conquistar.

ABRINDO AS PORTAS DA SUA SALA DE ESTRATÉGIA 47

No outro extremo da curva, o desfiladeiro submerso dos lucros econômicos negativos é profundo, embora, felizmente, não seja tão profundo quanto as elevações no quintil superior.

A curva vem se tornando cada vez mais íngreme. Entre 2000 e 2004, as empresas no quintil superior obtiveram, coletivamente, lucros econômicos de US$186 bilhões. Se saltarmos uma década para 2010–14, veremos que o quintil superior conseguiu US$684 bilhões em lucro econômico. O quintil inferior gerou um prejuízo coletivo de US$61 bilhões entre 2000 e 2004; uma década depois, as perdas totalizaram US$321 bilhões. Não chega a surpreender que os investidores procurem empresas que ofereçam retornos muito acima da média do mercado. Com isso, porém, ainda mais capital passa a fluir para o topo. Os gestores podem até enganar seus chefes, mas não conseguem engambelar os investidores. O capital não reconhece nem respeita limites geográficos ou setoriais. As empresas que começaram no quintil superior em 2004 absorveram 50 centavos de cada dólar de capital novo nos dez anos subsequentes. Essa injeção de capital permitiu que, ao longo dessa década, as de melhor desempenho aumentassem seu lucro econômico médio em mais de 130%, de US$612 milhões para US$1,4 bilhão, em termos reais, embora o retorno médio do capital investido houvesse permanecido relativamente constante, em torno de 16%.

Porém, mesmo que a curva se torne mais íngreme, essa desigualdade não é permanente. Como descobriremos no decorrer deste livro, empresas e setores inteiros sobem e descem pela curva. Há muita desigualdade, mas também muito dinamismo: o lugar de uma empresa na curva muda o tempo todo.

Tamanho não é tudo, mas não pode ser esquecido. Ao escolhermos uma medida como o lucro econômico, estávamos cientes de que o tamanho entraria em cena, o que pode criar certa sensação de desconforto.[13] Alguém até poderia argumentar que alguma métrica relativa deveria ser adotada, como margem de lucro econômico ou retorno do capital investido. No entanto, incorporar tamanho à métrica faz sentido, pois nos permite avaliar a força de uma estratégia com base não apenas na potência de sua fórmula econômica (medida pelo *spread* entre o retorno e o custo do capital), mas também na escalabilidade (medida pelo quanto de capital investido ela consegue aplicar) — veja o Quadro 4.

Quadro 4

Retorno versus escala
Há várias combinações para chegar ao quintil superior

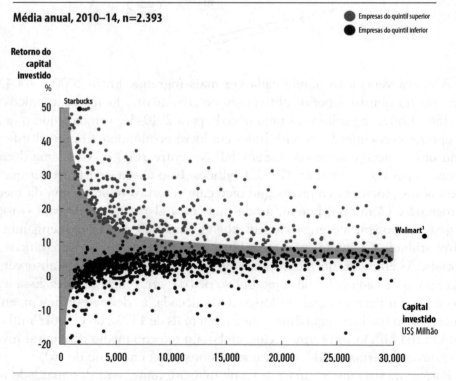

[1] 12% de retorno, US$136 milhões de capital investido

Fonte: Corporate Performance Analytics da McKinsey

ABRINDO AS PORTAS DA SUA SALA DE ESTRATÉGIA   49

Compare o Walmart (retorno moderado de 12% sobre o capital, mas vultosos US$136 bilhões de capital investido) com a Starbucks, que tem um retorno gigantesco de 50% sobre o capital, mas é limitada por estar em uma categoria muito menos escalável, com apenas US$2,6 bilhões de capital investido. Ambas as empresas estão no quintil superior, mas qual teve a melhor estratégia? Bem, a pergunta é um pouco discutível, visto que ambas geraram valor enorme, embora a diferença na produção de lucro econômico seja substancial: Walmart com US$5,3 bilhões versus Starbucks com US$1,1 bilhão.

Tamanho também implica limitações. Embora 80% das empresas no quintil inferior sejam de grande porte (isto é, com capital investido acima da média), o máximo que podemos afirmar é que empresas maiores têm maior probabilidade de gerar lucros econômicos muito altos ou muito baixos. Vejamos: 28% das grandes empresas estão no quintil superior, enquanto apenas 41% delas espalham-se pelos três quintis intermediários. Em suma, é mais fácil obter grandes lucros ou grandes prejuízos se você for grande — ainda que, na verdade, seja a combinação de escalabilidade e *spread* que importe.

No final, é você contra o mundo. Você está acostumado a se comparar com seus concorrentes ou com o que fez nos últimos três anos, mas olhar para o mundo como um todo, tal como representado na Curva de Potência, é algo muito diferente. Se você examinar muitos dados relativos, poderá ter uma visão geral. Seu horizonte se ampliará e você poderá sentir-se apequenado ou mais ousado, dependendo de seu ponto na curva. É aqui que as empresas competem pelo interesse do investidor em termos de desempenho em relação a todas as outras empresas, não apenas as do setor em que atuam. É aqui também que se vê a eficácia de uma estratégia ao longo do tempo, à medida que a empresa sobe e desce na curva. Você pode achar injusto ser comparado com empresas de outros setores e outras nações, mas essa é a comparação que o capital faz. O capital flui para as melhores oportunidades, não importa em qual setor ou região elas se encontrem. O principal concorrente de uma empresa são as forças darwinianas do mercado que comprimem sua lucratividade. E o principal critério para determinar se você está ganhando ou perdendo é seu grau de sucesso ou fracasso em evitar essa compressão.

Por que você está onde está

Com frequência, até mesmo CEOs e diretores financeiros ficam surpresos ao perceberem onde se encontram na Curva de Potência. Não que estivessem delirando antes; eles simplesmente estão acostumados com a visão interna, pela qual comparam o próprio desempenho com *benchmarks* equivalentes de seus concorrentes imediatos e não com o universo global das empresas.

Alguns CEOs surpreendem-se ao constatarem que estão no meio da curva, pois sentiam que estavam no ápice de sua área ou setor. Outros ficam atônitos por estarem no topo da curva e ponderam se é sua tarefa expandir a curva ou se é seu destino ir deslizando para baixo. Onde quer que uma empresa esteja, a pergunta logo se torna: *por que* estamos neste ponto?

Essa pergunta também surpreende. Quando se adota uma visão interna e as coisas vão bem, nossa tendência é atribuir os resultados às prescrições singulares de nossa gestão; mas, quando os tempos estão difíceis, trata-se de um problema do setor ou de mero azar. Nossa análise, entretanto, mostra que o posicionamento na curva é determinado em, no mínimo, 50% pelo que ocorre

Quadro 5

A Curva de Potência do setor
Setores também têm Curva de Potência e onde você está realmente importa

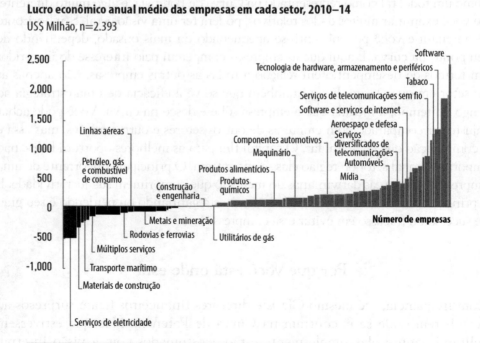

Fonte: Corporate Performance Analytics da McKinsey

ABRINDO AS PORTAS DA SUA SALA DE ESTRATÉGIA   51

no setor — mostrando que "onde jogar" é, de fato, uma das escolhas mais importantes em estratégia.

Verificamos que o desempenho do setor também segue uma Curva de Potência, com a mesma extremidade suspensa e a mesma elevação, tal como mostrado no Quadro 5.

Nossa pesquisa inclui 12 empresas de tabaco, 9 das quais estão no quintil superior. Mas também inclui 20 empresas de papel e celulose e nenhuma está no quintil superior. Corporações famosas de alto desempenho nos setores de software, produtos farmacêuticos e telecomunicações sem fio disputam posições no quintil superior, enquanto empresas de serviços públicos, transporte e materiais de construção se amontoam no quintil inferior.

A influência do setor na posição de uma empresa na Curva de Potência é tão marcante que é preferível ser uma empresa média em um grande setor do que uma grande empresa em um setor médio (veja o Quadro 6). A empresa farmacêutica mediana (a indiana Sun Pharmaceutical, com lucro econômico de US$424 milhões), a empresa de software mediana (Adobe Systems, US$339 milhões) e a empresa de semicondutores mediana (Marvell Technology Group, US$277 milhões) estariam todas no quintil superior se fossem empresas de produtos químicos e entre as 10% melhores se fossem empresas de produtos alimentícios.

Em alguns casos, seria preferível atuar no setor de seus fornecedores do que no seu próprio. Como mostrado no Quadro 6, o lucro econômico médio das companhias aéreas é um prejuízo de US$99 milhões, mas os fornecedores do setor aeroespacial e de defesa obtêm um lucro médio de US$453 milhões. Na verdade, a Saab AB, fornecedora aeroespacial e de defesa do 20° percentil, obtém mais lucro econômico do que uma companhia aérea do 80° percentil, a Air New Zealand. Isso não quer dizer que todas as companhias aéreas tenham desempenho econômico fraco (basta ver a Japan Airlines), nem que tudo seja um mar de rosas. Mas é uma realidade a existência de áreas de atuação mais e menos atraentes.

No mercado como um todo, as empresas no quintil superior da Curva de Potência obtêm um reforço de US$335 milhões em lucro econômico pelo simples fato de estarem em um setor melhor, enquanto aquelas no quintil inferior são penalizadas com um deficit de US$253 milhões por estarem em setores piores, como mostra o Quadro 7.

Há, é claro, exceções que não compartilham o destino de seus respectivos setores. Por exemplo, empresas de serviços integrados de telecomunicações (um setor do quintil superior) estão sobrerrepresentadas tanto no quintil supe-

Quadro 6

Variação do lucro econômico entre setores

Melhor ser uma empresa média em um grande setor do que uma grande
empresa em um setor médio

Lucro econômico anual, 2010–14
US$ Milhão, n=2.393

● Empresas no setor
● Média do setor

Lucro econômico (escala logarítmica) ———————————→

	Quintil inferior	Quintil intermediário	Quintil superior	# nº de empresas	... que estão no quintil superior
Materiais de construção				26	4%
Produtos florestais e de papel				18	0%
Petróleo, gás e combustível de consumo				153	19%
Linhas aéreas		Air NZ	JAL	36	8%
Infraestrutura de transportes				11	9%
Produtos químicos				117	14%
Produtos alimentícios				109	8%
Mídia				54	37%
Tecidos, vestuário e artigos de luxo				33	39%
Aeroespaço e defesa		Saab		31	42%
Semicondutores e equipamento de semicondutores		Marvell		27	48%
Serviços de telecomunicações sem fio				34	53%
Tabaco				13	77%
Tecnologia de hardware, armazenamento e periféricos				38	32%
Produtos farmacêuticos		Sun		43	58%
Software		Adobe		15	60%

Fonte: Corporate Performance Analytics da McKinsey

rior como no quintil inferior. O mesmo vale para empresas integradas de gás e petróleo (um setor do quintil inferior). Mas, quando tentamos explicar a variação, verificamos que o setor é responsável por algo entre 40% e 60% e, à medida que a definição de setor se torna mais granular, a parte de lucro econômico que pode ser explicada pelo efeito-setor só aumenta.

Quadro 7

O efeito do setor
Lucro econômico médio do setor alavanca o quintil superior e penaliza o inferior

Lucro econômico (LE) médio anual
US$ Milhão

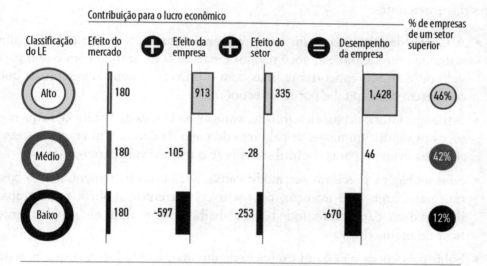

Fonte: Corporate Performance Analytics da McKinsey

Embora todas as apresentações sobre estratégia a que assistimos comecem com uma visão do setor, raras vezes essa visão é citada para explicar o desempenho anterior.

Segundo a antiga sabedoria em estratégia, precisamos saber a resposta verdadeira à pergunta: "Por que eu ganho dinheiro?" O setor de atividade é um fator muito mais importante do que a maioria das pessoas entende ou gostaria de admitir, tanto do lado positivo (quando os ventos de popa nos ajudam a navegar) como do lado negativo (quando todos os sinais indicam que tempos difíceis estão chegando e não gostamos dessa notícia).

Agora que começamos a desenhar nosso novo mapa e entendemos o papel crucial do setor de atividade, voltemos à sala de estratégia e vejamos o que há de diferente.

Uma nova perspectiva com a visão externa

Quando você percebe que o sucesso é definido fundamentalmente pela movimentação de sua empresa e de seu setor na Curva de Potência, sua perspectiva muda. Certas empresas têm pouca probabilidade de chegar ao quintil superior, talvez por causa do setor em que atuam, mas muitas têm no mínimo alguma chance. Se você pretende subir, é provável que já tenha adquirido alguns *insights* intrigantes:

- A **Curva de Potência é um novo referencial** que você talvez nunca tenha utilizado antes. Com ela, você não está mais se comparando com o ano passado ou com seu concorrente, mas com o universo inteiro de empresas que competem por capital e por lucro econômico.

- Estratégia vitoriosa passa a significar **avançar na Curva de Potência**. Pequenos sucessos significam mover-se pela reta do meio da curva. Um grande sucesso significa avançar para o quintil superior, e o inverso vale para o fracasso.

- Suas **ambições precisam ser modificadas**. Melhorias incrementais não bastam para fazer você avançar, pois seus concorrentes também estão trabalhando duro, e, portanto, todo o seu trabalho pode resultar em simplesmente ficar no mesmo lugar.

- Subir pela curva não é um exercício de um ano, é uma **jornada que precisa de boa estratégia e execução contínua**. A elevação é íngreme demais para ser subida às pressas.

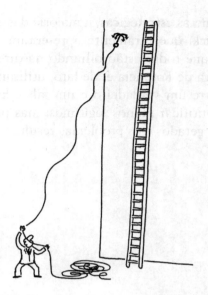

A pergunta de um bilhão de dólares é, sem dúvida: "O que é preciso para avançar na Curva de Potência?" (Na realidade, ela vale um pouco menos do que isso.) Como veremos mais adiante, as empresas que conseguem saltar dos quintis intermediários para o quintil superior obtêm um aumento médio de US$640 milhões em seu lucro econômico anual.

Como já dissemos, o sucesso exige mudanças maiores do que as normalmente empreendidas pelas empresas. Um CEO cliente nosso costumava limitar as discussões a 4% e a 6% de crescimento e alocava recursos para suas divisões de acordo com isso. Certo ano, ele realizou uma análise muito mais granular (por negócio/país) e percebeu que uma região — a Rússia, na época — estava crescendo 30%. Ele, então, cumulou as operações russas com recursos, criou um ambiente muito mais favorável e acabou crescendo ainda mais depressa. O diretor da unidade russa comentou: "Eu sabia que poderíamos vencer; mas, até então, nunca havíamos conseguido os recursos que precisávamos — tudo porque costumávamos olhar apenas para as médias."

Às vezes, o grande sucesso exige medidas ainda mais drásticas: por exemplo, ingressar em um setor mais lucrativo ou em segmentos mais favoráveis (o que é difícil de fazer); caso isso não seja viável, reestruturar a economia do setor de modo a torná-lo mais atraente poderá ser sua única alternativa.

• • •

ALÉM DAS PROJEÇÕES HOCKEY STICK

Quando estabelecem metas estratégicas, a maioria das empresas recorre a planos do tipo *hockey stick*, que raramente apresentam os resultados que elas desejam. O curioso é que todas estão olhando na direção certa. A maneira de se deslocar na Curva de Potência é, de fato, utilizando um *hockey stick*. O desafio é discernir entre um verdadeiro e um falso. Em breve, mostraremos como você poderá identificar planos legítimos; mas primeiro vejamos como falsos *hockey sticks* são gerados e os problemas resultantes.

Capítulo 3

Projeções oníricas, realidades arriscadas

Os hockey sticks são um resultado natural do jogo estratégico e costumam implicar apenas mudanças tímidas. Mas quando sucessivas projeções otimistas não correspondem à realidade, o que se vê é o gráfico mais feio da estratégia: as "costas peludas". Por outro lado, hockey sticks legítimos às vezes acontecem!

Em uma pesquisa recente, os CEOs atribuíram somente 50% das decisões sobre definição de metas e estratégia a fatos e análises. Cinquenta por cento! A outra metade foi atribuída ao processo estratégico e à dinâmica na sala de estratégia.[1] Com isso, tarefas como definir os níveis corretos de ambição e prioridade não apenas são tecnicamente difíceis, como também ocorrem justamente na interseção entre as tendências cognitivas e os problemas de agenciamento que discutimos.

Essas tarefas são realizadas no lado social da estratégia, onde as aspirações coletivas colidem com medos, ambições, rivalidades e preconceitos de cada um. Mesmo quando o ambiente é perfeitamente claro, a definição de metas é um processo cheio de distorções. Excesso de confiança, extrapolação cega, competição por recursos, os repetidos efeitos de expectativas crescentes ou o reiterado desejo de "ampliar" as metas podem fazer com que se estabeleça alvos inalcançáveis. Por outro lado, *sandbagging*, negociações e aversão ao risco farão com que as metas sejam fáceis demais.

A consequência? Projeções *hockey stick* e gráficos com "costas peludas".

O aparecimento das "costas peludas"

Como vimos, a dinâmica na sala de estratégia costuma levar a projeções *hockey stick*, ou seja, excessivamente conservadoras nos dois primeiros anos e excessivamente agressivas nos anos subsequentes.[2] A linha do gráfico avança para cima após uma breve queda, que representaria o investimento inicial. Ao longo dos anos, porém, sucessivos *hockey sticks* que não se realizaram vão se acumulando e surge então o primo feio: as "costas peludas". O Quadro 8 mostra um exemplo real (temos uma gaveta cheia deles).

Parece familiar? (Tente isso em casa!)

Quadro 8

Realidades arriscadas
Uma sucessão de *hockey sticks* não realizados gera as "costas peludas"

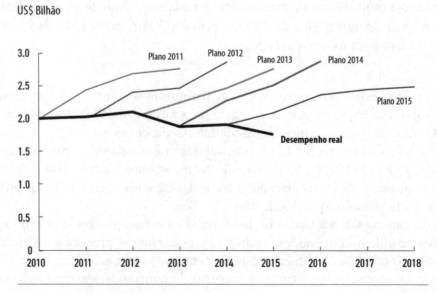

Fonte: Gráfico disfarçado de um cliente

PROJEÇÕES ONÍRICAS, REALIDADES ARRISCADAS 61

O Quadro 8 mostra o desempenho de uma grande multinacional. A empresa planejara um grande salto em 2011, mas obteve apenas resultados modestos. Sem se deixar abalar, a equipe traçou outro *hockey stick* para 2012, outro para 2013, mais um para 2014 e ainda outro para 2015, mesmo que os resultados reais permanecessem praticamente estáveis e acabassem diminuindo.

"Costas peludas" são comuns em vendas, lucros, desempenho de recursos, seja o que for. Os Conselhos as temem, os investidores as conhecem e os CEOs tentam evitá-las, mas elas continuam acontecendo.

Algumas decorrem do excesso de confiança, uma característica bem humana. Quando indagados sobre suas habilidades na direção, 93% dos motoristas norte-americanos e 69% dos motoristas suecos responderam que eram acima da média. Quando pedidos para classificar sua segurança no trânsito, 88% dos norte-americanos e 77% dos suecos incluíram-se na metade superior.[3] Essas distorções são compartilhadas por especialistas em muitos campos; quanto mais experientes forem, maior a probabilidade de padecerem de excesso de confiança.

A dinâmica social nas empresas recompensa o excesso de confiança: quem já foi promovido por ter feito projeções de crescimento que não fossem otimistas? Tendo sido criados à base de livros de autoajuda, muitos gestores chegam a acreditar que "metas ampliadas" motivarão as pessoas, não importa quão irrealistas elas sejam. É assim que vão surgindo sucessivos *hockey sticks*: as pessoas realmente acreditam que poderão fazer com que se tornem realidade.

Conseguindo a aprovação

Outros *hockey sticks* surgem porque as pessoas estão envolvidas em jogos sociais: embora o processo de planejamento seja oficialmente sobre estratégia, o verdadeiro objetivo é conseguir a aprovação dos recursos solicitados para o orçamento do próximo ano. É graças a esses recursos que os gestores mantêm *status* e se posicionam para alcançar resultados capazes de promovê-los, talvez até mesmo ao cargo máximo da empresa. Os gestores não presumem que receberão tudo o que solicitam; eles pedem muito a fim de que, depois dos cortes inevitáveis, consigam obter recursos "adequados". A punição por não obter recursos geralmente é maior do que o castigo por uma projeção não se materializar.

Você já viu esse jogo e provavelmente já participou dele. Quando se define um requisito (por exemplo, 15% como taxa interna de retorno dos investimentos), os planos magicamente se metamorfoseiam para que tal patamar seja atingido. Ninguém jamais entrou em uma reunião de planejamento com a intenção de ter seu plano rejeitado. Ninguém quer perder a competição para conseguir recursos.

Imagine um gestor entrando na sala com uma meta realista, mas bastante modesta. Todos certamente se perguntarão: "Será que ele é capaz ou ambicioso o suficiente? Terá refletido sobre sua estratégia com um mínimo de criatividade ou talento? Será que não confia na própria capacidade de executar?" Melhor ficarmos com o *hockey stick*; é muito mais fácil acreditar no que queremos que seja verdade.

Embora o CEO não aprove todos os *hockey sticks*, ele precisa de algum tipo de narrativa de crescimento. Equipes executivas tomam muitas decisões e é difícil avaliar todo o conteúdo o tempo todo, de modo que a projeção que acaba sendo aprovada tende a ser aquela elaborada pela pessoa com os melhores antecedentes. O CEO então leva uma versão desse plano para o Conselho, o qual poderá restringir um ou outro detalhe, mas geralmente dá seu aval.

Só que esse não é o fim da história.

O financeiro reduz os custos

Em seguida, o diretor financeiro, cumprindo sua obrigação de arbitrar recursos, toma conhecimento dos planos e tem início a próxima fase do jogo para se chegar enfim à meta derradeira: o imperioso orçamento para o primeiro ano. Para o diretor financeiro, é claro, é inadmissível a queda de desempenho

PROJEÇÕES ONÍRICAS, REALIDADES ARRISCADAS   63

indicada pela projeção para os dois primeiros anos, o "vale do investimento", período em que os resultados caem antes de começar o crescimento acelerado. A redução de custos necessária para compensar essa queda seria inviável. Além disso, o declínio inicial seria uma ameaça para a proteção que todo diretor financeiro deseja manter no orçamento para cobrir eventuais prejuízos caso algo inesperado aconteça ao longo do ano (e algo sempre acontece). O CEO, por sua vez, embora apoie as aspirações do *hockey stick*, também reconhece a necessidade dessa proteção — há poucas coisas piores do que não alcançar os resultados prometidos depois de garantir ao Conselho que tudo está tranquilo — e autoriza o diretor financeiro a recusar recursos, "amenizando" o primeiro ano da curva de desempenho.

Um e-mail que recebemos esclarece bem esse ponto. Descrevendo o que aconteceu em uma reunião com o diretor financeiro global para discutir uma importante reorientação estratégica de uma divisão, outro executivo escreveu:

> *[Ela] acredita na estratégia, mas — como qualquer bom diretor financeiro — quer ver como isso pode ser alcançado sem prejudicar os lucros de curto prazo. E identificou imediatamente a questão-chave: acelerar ou não as despesas de capital nos próximos dois anos.*

Não importa se uma projeção é demasiado otimista, consequência de jogos sociais ou uma oportunidade efetiva: este é geralmente o momento em que se torna quase certo que o sucesso prometido não se concretizará. O investimento que deveria lançar os alicerces do crescimento foi cortado, mas, por algum motivo, o grau de ambição para crescer costuma permanecer praticamente inalterado.

No final do primeiro ano, como não poderia deixar de ser, o desempenho não está à altura das promessas do *hockey stick*. E o viés de atribuição entra em cena. O problema não pode ser culpa daqueles que cortaram o investimento, afinal, os gestores aprovaram os orçamentos. O fato de a meta não ter sido atingida é então atribuído à causa mais conveniente disponível, geralmente um evento pontual: clima atípico, falha do sistema, etc., mesmo que essas ocorrências ditas excepcionais pareçam acontecer todos os anos. O fracasso é descartado como uma externalidade e a equipe de gestão se une para dobrar a aposta e restabelecer a meta. "Um ano foi perdido, mas agora as coisas vão entrar nos eixos."

E assim brota mais um pelo nas costas da empresa.

Como Daniel Kahneman e Dan Lovallo explicaram em seu estudo sobre a predileção humana por projeções ousadas e planos tímidos, nós todos queremos ver crescimento excepcional em vendas, lucros e outras métricas, mas não queremos fazer as mudanças que gerariam esses resultados.[4] Eles publicaram o artigo há 25 anos, mas continuamos cometendo os mesmos erros. Em essência, o que dizemos é: "Vamos nos sair muito melhor no próximo ano fazendo as mesmas coisas que fizemos neste, ou talvez apenas um pouquinho a mais."

Projeções ousadas

Mark Twain resumiu magnificamente o problema típico das projeções ousadas quando disse: "Não é o que você não sabe que vai colocá-lo em apuros. É aquilo que você tem certeza que é, mas no fundo não é."

Há muita coisa que nós "sabemos com certeza". Em nossas palestras, por brincadeira, gostamos de perguntar: "Quantos de vocês acreditam que a Grande Muralha da China seja o único objeto feito pelo ser humano visível do espaço?"

Sempre ficamos pasmos que a maioria das pessoas tenha "certeza" de que isso seja verdade, embora não seja.

A alegação, feita pela primeira vez em 1754, é sabidamente falsa desde 1961. O primeiro cosmonauta, Yuri Gagarin, comprovou isso quando orbitou a Terra naquele ano. Ele não conseguiu discernir a Grande Muralha a olho nu, assim como todos os demais astronautas desde então, pois a muralha foi construída com rochas que são indistinguíveis do terreno circundante.

Não obstante, a maioria das pessoas ainda tem "certeza" que a Grande Muralha pode ser avistada do espaço.

No caso das projeções, vários assassinos silenciosos podem entrar furtivamente em nossa sala de estratégia, os mais populares sendo: inexistência de uma linha de base adequada, erros em atribuição de desempenho e, principalmente, maneiras equivocadas de lidar com a incerteza.

Inexistência de uma linha de base adequada. As projeções que fazemos são formuladas a partir de muitas coisas que acreditamos saber. Durante o primeiro *boom* da internet, um de nossos clientes pensava em investir US$1 bilhão em uma nova rede de cabos de fibra ótica nos Estados Unidos, tomando por base estimativas de um crescimento explosivo em comunicação. Estava claro que o advento da internet estimularia a demanda por fibras óticas e muitos correram para se aproveitar disso. Quanto mais a internet revolucionasse os negócios e o modo das pessoas negociarem, maior seria a capacidade de fibra necessária, todos tinham "certeza" disso. Entretanto, essa demanda explosiva e aparentemente ilimitada não constituía o quadro completo. Já havia muitas fibras em uso e sua capacidade aumentava no mesmo ritmo acelerado com que melhoravam os roteadores que enviavam sinais através delas. Além disso, era preciso considerar a chamada "fibra ótica escura" (a capacidade instalada e ainda não utilizada) e também os planos anunciados por concorrentes de instalar capacidade adicional. Somando tudo, a capacidade de fibras óticas excedia até as mais estapafúrdias projeções de demanda para os cinco anos seguintes. Nosso cliente deu-se ao trabalho de preparar uma linha de base adequada e, graças a isso, percebeu que o que todo mundo sabia "com certeza" não se traduziria em necessidade de capacidade adicional. E decidiu cancelar o projeto, economizando o US$1 bilhão alocado para aquele *hockey stick*. (O fato de apenas um ano depois a bolha da internet implodir foi uma cereja no topo do bolo.) Muitos haviam investido sem se preocupar em ter uma linha de base adequada, agindo com base no que achavam que sabiam e pagaram caro por isso.

Outro problema perene com as linhas de base é o planejamento que visa participação de mercado. Nos primórdios dos computadores pessoais, toda empresa importante de produtos eletrônicos decidiu que seria capaz de capturar 20% do mercado norte-americano em rápida expansão, ignorando todas as outras que estavam fazendo exatamente a mesma aposta. Oito empresas tentaram alcançar os 20%, mas o setor já estava irremediavelmente sobrecarregado e várias delas acabaram trucidadas.[5]

Projeções ousadas são difíceis de evitar. É tão fácil preencher células na tela do Excel que não nos damos conta das dificuldades enfrentadas para se chegar à situação atual. Você, como nós, deve ter amigos que pretendem fazer um ótimo tempo na próxima maratona, mas não atingem as expectativas por não terem treinado o suficiente, acreditando piamente estarem muito mais aptos do que realmente estavam. As empresas cometem os mesmos tipos de erros.

Erros em atribuição de desempenho. Também é fácil cometer erros na avaliação da dinâmica dos negócios. Muitas vezes, confunde-se desempenho com capacidade: "Estamos indo bem, portanto devemos ser melhores que nossos concorrentes e continuaremos a prosperar não importa o que aconteça", mesmo que condições externas tenham contribuído para o sucesso. Esses tipos de erro são difíceis de detectar quando tudo vai bem, pois a necessidade de entender a dinâmica subjacente parece menos urgente. Por exemplo, se uma empresa prospera em um contexto no qual pode aumentar os preços facilmente, ela talvez se convença de que suas operações de vendas estão cada vez mais rentáveis pelo simples fato de o aumento da receita superar os custos de vendas. No entanto, se houver uma saturação no ambiente de preços, a empresa talvez descubra que um sem-número de ineficiências infiltraram seu sistema.

Durante o *boom* das empresas ponto com, várias fabricantes de aparelhos eletrônicos por contrato da América do Norte expandiram rapidamente, adquirindo fábricas de seus clientes a torto e a direito. O preço de suas ações subiu exponencialmente sob o efeito de histórias de rentabilidade e recursos logísticos inigualáveis. Quando essas belas narrativas de crescimento chegaram ao fim com o estouro da bolha da internet, descobriu-se que, durante a fase de rápido crescimento, até mesmo a integração mais básica das operações recém-adquiridas havia sido negligenciada, o que exacerbou os efeitos da redução de volume. A recuperação demorou anos e várias empresas se tornaram alvos de aquisição.

PROJEÇÕES ONÍRICAS, REALIDADES ARRISCADAS

Somos propensos a erros de atribuição mesmo quando eles nos prejudicam. Por exemplo, todos nós temos grande apreço pelo clínico geral da família, com sua postura "amigável". No entanto, pacientes de médicos no quartil superior da satisfação do cliente têm custos médicos 9% maiores e sua taxa de mortalidade é 25% mais elevada. Ou seja, um médico que faz você se sentir bem pode colocá-lo em perigo[6], mas tente dizer isso a um paciente feliz.

Uma perspectiva realista do desempenho corporativo também tende a ser ofuscada por metas estendidas, as chamadas BHAGs (*Big Hairy Audacious Goals* ou metas audaciosas, arriscadas e desafiadoras), pois, ao estabelecê-las, o líder geralmente coloca a esperança acima dos fatos. Gestores com histórico excepcional parecem particularmente propensos a exigir máximo desempenho fixando metas irrealistas — muitas das quais têm efeitos negativos no estado de ânimo da equipe.

Inúmeros livros de negócios contribuem para consolidar a percepção de que a grandeza é fácil de alcançar. Partindo de estudos de caso selecionados, esses livros dão a entender que estamos a um passo de chegar ao desempenho excepcional desde que você adote a fórmula certa. No entanto, as coisas não são bem assim. Para começar, essa tênue causalidade ignora o gigantesco papel da dinâmica do setor. Nem todos podem ser uma Apple, por mais que a citemos como um exemplo heroico. Na verdade, é provável que ninguém consiga ou, mais precisamente, segundo nossa amostra, somente uma em 2.393 empresas conseguiu. Ainda assim, livros continuam sendo escritos e as pessoas continuam tentando secretamente atribuir mais capacidades a si mesmas do que de fato possuem.

Como lidar com a incerteza. "É difícil fazer previsões, especialmente sobre o futuro", brincou Yogi Berra e, antes dele, Niels Bohr.[7] Isso é particularmente verdadeiro quando se tenta executar um processo estratégico apropriado. A incerteza não somente está em toda parte dentro e em torno da estratégia, como é justamente o motivo de precisarmos de uma estratégia. Sem incerteza, bastaríamos formular um plano para ir de A a B.

O problema, ao se lidar com a incerteza no processo estratégico, não é tanto a análise. Embora as análises quase sempre não costumem levar em conta a incerteza, e até mesmo um bom planejamento de cenários ainda seja algo bastante raro, a questão é — surpresa! — o lado social da estratégia. Por quê? Em algum nível, é fácil para o CEO lidar com a incerteza tornando-se uma espécie de equilibrista de portfólios, ciente de que nem tudo em que apostar precisa dar retorno para que dê certo. O problema é que esse jogo de portfólios no nível corporativo torna-se uma questão de compromisso total para o líder de uma unidade de negócios. Todos nós já ouvimos o famoso refrão: "Você é seus números." Pois bem, o refrão não é: "Bem, como esse projeto tinha apenas 50% de chance de sucesso, não vou responsabilizar fulano pelo fiasco até que ele fracasse do mesmo modo mais uma ou duas vezes." Não, para o líder de uma unidade os resultados são fundamentalmente binários: você consegue ou não.

É a própria existência de probabilidades e incertezas que confere ao jogo social espaço para florescer.

O problema são as distorções, que não nos permitem nem dizer se um resultado ruim foi um fracasso louvável, nem se um resultado excelente foi pura sorte. Teria sido uma boa jogada, à qual todos se empenharam ao máximo, que teve um destino infeliz? Ou teria sido uma falha fatal de planejamento ou execução? Ou, talvez, a estratégia fosse ruim desde o início? Incerteza não significa apenas que não conseguimos enxergar o que existe logo adiante; ela também invade o passado. Essa nuvem de poeira significa que, na verdade, você não sabe ao certo de onde veio.[8]

É claro que, no gerenciamento de uma empresa, existem muitos elementos que você não pode controlar: o destino da economia, acontecimentos políticos e as ações de seus concorrentes. Na maioria das salas de estratégia, a grande questão que paira sobre tudo é como lidar com a incerteza, mas é como se esta fosse um gorila dentuço de 300 quilos a respeito do qual ninguém quer falar, ou seja, um tópico complexo que pode facilmente atrapalhar a obtenção de uma aprovação para o plano. Mas o gorila continua lá, babando sobre a mesa. Por isso, os gestores que apresentam estratégias adotam abordagens sofisticadas para lidar com ele. Como têm que chegar a um "sim", não a um

PROJEÇÕES ONÍRICAS, REALIDADES ARRISCADAS 69

"talvez", é preciso que consigam inspirar confiança nos resultados que prometem, projetando no mínimo uma ilusão de certeza.

Aqui estão algumas de nossas maneiras favoritas de as pessoas lidarem com a incerteza na sala de estratégia.

Primeiro, **ignorar a incerteza**. Muitas apresentações sobre estratégia começam com uma projeção do mercado preparada por analistas: não são cenários, nem uma gama de resultados possíveis. Logo no início mencionam alguma "versão mais provável do futuro" e essa é a última coisa que se ouve sobre incerteza ao longo da apresentação. Dali em diante, só serão apresentadas estimativas pontuais para o plano, e o caminho estará aberto para a aprovação.

Que tal **deixar a incerteza "para depois"**? A sala de estratégia é um lugar austero para quase todos os presentes e, para sermos sinceros, fracassar nessa etapa não é uma opção para a maioria dos gestores. Problemas de execução? Tudo bem. Uma estratégia com lacunas? Podemos resolver isso. Mas uma conversa sobre estratégia que envolva probabilidades? Você deve estar brincando! O resultado será um trecho sobre riscos na página 149 de um documento de 150 páginas. O apresentador espera conseguir a aprovação para o financiamento muito antes de chegar a esse ponto. E o trecho da página 149, intitulado "Riscos potenciais e como mitigá-los", só está lá para que, no raríssimo caso de alguém fazer alguma pergunta sobre riscos, seja possível afirmar que a questão foi abrangida.

Por fim, **fingir lidar com a incerteza**. Em alguns casos, a incerteza é de fato discutida na sala de estratégia. Digamos que a situação geopolítica esteja ameaçando o crescimento das vendas em um mercado emergente ou que um concorrente faça um movimento para consolidar o setor. Alguns cenários virão à tona, haverá uma discussão sobre qual deles é mais ou menos provável de acontecer e, em seguida, um será escolhido como o "cenário base". E essa será provavelmente a última vez que você ouvirá algo sobre incerteza. Estratégia acertada, trabalho concluído.

Existem, é claro, empresas que não sobreviveriam se não lidassem com a incerteza. Por exemplo, na gestão de ativos e outros negócios financeiros, é normal haver métricas ponderadas pelo risco. A diferença é que tais empresas movimentam dinheiro. Em negócios mais tangíveis, o movimento é de dinheiro e de pessoas, além de carreiras e reputações dos líderes empresariais. Se o responsável pelos cálculos prejudica a própria reputação estimando erroneamente os riscos, o gestor prejudica a sua se abrir mão de recursos.

Todas essas práticas comuns e os erros decorrentes podem abrir caminho para graus equivocados de ambição e, consequentemente, para estratégias repletas de falhas.

Para sermos claros: não há nada de errado em ter metas ousadas. Na verdade, você precisa delas para ascender a Curva de Potência. Todavia, essas ambições precisam estar ancoradas na realidade do negócio e no contexto mutável no qual ele opera. Este livro trata de como definir metas ousadas, mas de tal modo que sejam correspondidas pela ousadia das mudanças necessárias para alcançá-las.

Planos tímidos

Um estudo realizado recentemente pela McKinsey com uma vasta amostra de grandes empresas revelou que, no nível da unidade de negócio, mais de 90% dos orçamentos são estatisticamente explicados pelos níveis orçamentários dos anos anteriores.[9] A maioria das empresas avança por etapas graduais, o que resulta em planos cautelosos. Mas como planos tímidos se juntam a previsões e metas excessivamente ambiciosas?

Bem, tudo começa com o fato de sermos humanos. Quando temos de tomar decisões reais, particularmente quando essas decisões têm implicações em nossa família, carreira ou riqueza, muitos de nós tendem a ser avessos ao risco.

"ELE É MUITO AVESSO AO RISCO."

PROJEÇÕES ONÍRICAS, REALIDADES ARRISCADAS 71

Você talvez tenha respondido às pesquisas que seu banco é obrigado a realizar para determinar seu perfil de investidor. Os resultados desses levantamentos e de muitos experimentos realizados por cientistas comportamentais mostram claramente que a maioria de nós se dispõe a abrir mão de uma grande vantagem a fim de evitar um pequeno prejuízo. Nós simplesmente não gostamos de perder.

Entretanto, quando a aversão individual ao risco é projetada na estratégia corporativa, surgem problemas. Uma corporação grande e diversificada, com muitos investidores, eles próprios diversificados, terá muito mais tolerância ao risco do que o gestor de nível médio que é o guardião dos planos.

O esforço para evitar, a praticamente qualquer custo, tudo o que for negativo é demasiado frequente na sala de estratégia. Grandes mudanças raramente são propostas e, ainda mais raramente, aceitas. O CEO de uma das maiores imobiliárias de Hong Kong queixou-se conosco que nenhum de seus gestores sugeria grandes ideias. Quando lhe perguntamos o motivo, ele respondeu: "Bem, quando querem dizer algo, são incapazes de se expressar articuladamente, de modo que eu os faço calar a boca depois de meio minuto." Adivinhe como agirão na próxima reunião aqueles que quiserem dizer algo.

Pense nisso: quantas vezes você já viu o gestor de uma unidade de negócio participar do ciclo anual de planejamento com uma vigorosa estratégia de fusão e aquisição? Quantas vezes você já viu mudanças serem propostas que realmente mudariam o jogo em um setor? Não acontece com muita frequência. A maioria das discussões na sala de estratégia trata de intensificar esforços para obter mais alguns pontos percentuais de participação de mercado ou extrair mais alguns pontos percentuais de lucro. Isso é indicativo de progresso. Ninguém será demitido.

Como dissemos, pretendemos mostrar que essa crença no progresso gradual é uma falácia: grandes mudanças não somente aumentam as chances de sucesso, como também reduzem o risco de fracasso. Ainda assim, o medo de arriscar permeia o ambiente de planejamento. Quase 8 em cada 10 executivos entrevistados por nossa firma nos dizem que os processos estratégicos de suas empresas visam mais confirmar hipóteses existentes do que testar novas. A busca de mudanças graduais é a norma, não a exceção.

Uniformidade corporativa

Evitar conflitos na equipe gestora, adotar uma atitude "prática" perante a empresa, proporcionar a cada membro da equipe uma "chance justa", manter a motivação... Todos esses argumentos contribuem para a pouca maleabilidade dos recursos. Com isso, o planejamento corporativo lembra mais uma estratégia para o café da manhã: espalha-se uma camada fina de recursos, como manteiga de amendoim no pão, em todas as partes da empresa, garantindo que todas estejam cobertas.

Como não poderia deixar de ser, essa política só serve para garantir que, mesmo que um *hockey stick* fosse possível, seria difícil para o líder de uma unidade de negócios obter todos os recursos necessários para levá-lo a cabo. Um de nossos clientes de alta tecnologia, cujo empreendimento principal de computação fatura US$26 bilhões, desejava construir outro pilar de crescimento. A empresa chegou a liberar recursos de P&D e do orçamento de capital, mas decidiu então buscar outras 17 oportunidades de crescimento ao mesmo tempo. Quando surgiu uma atraente oportunidade de fusão e aquisição na área de serviços, que poderia muito bem ter se tornado o desejado pilar de crescimento, não havia recursos disponíveis para fechar o negócio, visto que outros 16 gestores estavam utilizando-os em suas respectivas iniciativas. E o acordo não vingou.

A uniformidade corporativa praticamente impede que haja mudanças grandes o suficiente para levar a empresa ao topo da Curva de Potência.

Almejar o conhecido

Do outro lado da agenda da empresa, quando chega a hora dos incentivos, bônus e promoções existe outra causa para planos tímidos. Todos nós queremos ter sucesso, é óbvio. Porém, isso significa que a maioria de nós preferirá um plano P90 (o qual temos 90% de chance de realizar) a um plano P50 (que conseguiremos realizar apenas metade das vezes que tentarmos). Na verdade, muitas pessoas com quem trabalhamos admitem que só aprovam metas orçamentárias que têm quase certeza de conseguirem atingir (P100), salvo alguma interferência totalmente inesperada. No entanto, quando perguntamos a CEOs o que seria justo, em termos de metas não atingidas, muitos dizem que, a cada três ou quatro anos, um líder poderia não conseguir cumprir um plano que tivesse sido estendido o suficiente, ou seja, planos P60 a P75. Que diferença de perspectiva!

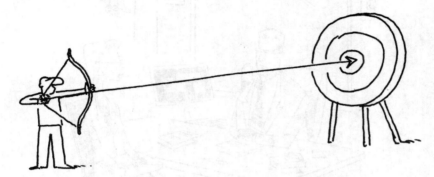

O diretor de operações de uma grande empresa industrial de alta tecnologia (na verdade, a mesma que acabamos de mencionar) disse-nos recentemente: "Levamos uma verdadeira sova esse ano por não termos atingido uma meta. Nunca mais vou me arriscar a isso; entendo que poderíamos ter um desempenho excelente até o final do ano, mas antes quero atingir o nível de desempenho prescrito no plano anual. Depois veremos até onde será possível chegar." O problema é que, àquela altura, já terão perdido toda e qualquer chance de alcançarem a meta mais ambiciosa até o final do ano.

Com tanta timidez incorporada em nós e no processo, nem mesmo planos ousados são capazes de acabar com a letargia.

Mas aqui está o que é realmente confuso: embora as projeções *hockey stick* produzam rotineiramente as temidas "costas peludas", existem algumas legítimas. E essas projeções legítimas são justamente o modo como as empresas costumam subir na Curva de Potência.

Observe a Curva de Potência: as empresas no quintil superior lucram 30 vezes mais do que a média das empresas nos quintis intermediários. Chegar a esse quintil superior é, quase por definição, um *hockey stick* que cria enorme valor para os *stakeholders*. E isso às vezes de fato acontece, mas como?

"Às vezes, na sala de estratégia, vemos as coisas como realmente são e para onde vão e elaboramos um plano bem ousado. Seu trabalho será tirar isso da nossa cabeça."

Hockey sticks legítimos

Dê uma olhada no Quadro 9. A linha cinza é a empresa típica, que começa nos quintis intermediários e continua aberta uma década depois. A linha preta começa exatamente no mesmo ponto, mas representa uma das empresas que conseguiu chegar ao quintil superior ao longo desse período de 10 anos. A linha preta lembra muito um *hockey stick* — queda nos primeiros quatro anos seguida de progresso acelerado.

Satya Nadella é CEO da Microsoft porque produziu um *hockey stick* legítimo. Em 2011, quando foi promovido para gerir um empreendimento da Microsoft que incluía serviços na nuvem, a nuvem era apenas uma pequena parte, que, por sua vez, era uma parte modesta da empresa como um todo. Mas Nadella enxergou tamanho potencial que dedicou quase todo o tempo de seu pessoal à nuvem, além de uma parte desproporcional de seus recursos totais. O empreendimento cresceu rapidamente, com as receitas saltando de centenas

Quadro 9

Hockey sticks legítimos
Empresas que sobem na Curva de Potência produzem *hockey sticks* legítimos

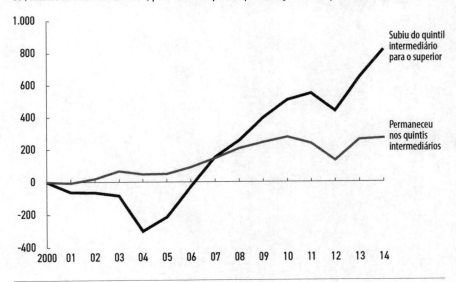

Fonte: Corporate Performance Analytics da McKinsey

de milhões para vários bilhões de dólares, e Nadella foi nomeado CEO no início de 2014.

Quando a NXP, a antiga divisão de semicondutores da Philips, foi desmembrada para um fundo de *private equity* em 2006, a alta gerência realocou agressivamente os investimentos, dada a natureza de "o vencedor leva tudo" do mercado. A NXP desfez-se de algumas partes grandes e prestigiosas, como chips para dispositivos móveis e digitais, que consumiam enorme volume de recursos, e apostou pesado em chips para identificação e uso automotivo. O aumento de projeções *hockey stick* dos mercados escolhidos fez com que seu valor de mercado quintuplicasse ao longo da década seguinte.

• • •

ALÉM DAS PROJEÇÕES HOCKEY STICK

Hockey sticks legítimos existem. O problema é separar os poucos genuínos dos muitos que são falsos. Nosso dilema é: embora devamos duvidar de todos os *hockey sticks*, muitas vezes precisamos de um se quisermos ascender na Curva de Potência.

E, então, o que é preciso para efetivamente avançar pela curva?

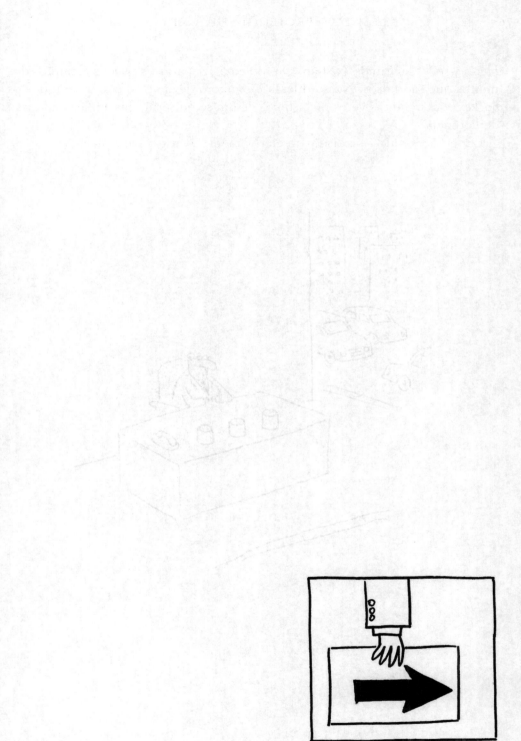

Capítulo 4

Quais são as probabilidades?

*A estratégia acontece em um mundo de probabilidades, não de certezas.
No entanto, é possível saber quais são as nossas chances: ao longo de
uma década, 8% das empresas nos níveis intermediários da Curva de
Potência alcançam o quintil superior. Mas quais delas?*

Depois de reconhecer os perigos do lado social da estratégia, será necessário um novo paradigma. Pense no pôquer e no golfe. Geralmente, quanto mais um jogo envolver habilidade, como o golfe, menos você precisará pensar em probabilidades. Se fôssemos jogar contra Bernhard Langer ou Rory McIlroy, jogadores de nível internacional, jamais venceríamos uma única partida e provavelmente não acertaríamos nem mesmo um único buraco. Quanto mais o jogo envolver sorte (incerteza), como o pôquer, mais precisará considerar suas chances. No pôquer, teríamos não apenas a possibilidade de vencer uma mão contra um jogador de nível internacional como Phil Hellmuth, com seu recorde de 14 braceletes do World Series of Poker, mas até de derrotá-lo eventualmente em um torneio, como às vezes ocorre. Não há dúvida de que Hellmuth nos derrotaria ao *longo do tempo* e faríamos bem em não jogar contra ele, mas, no curto prazo, teríamos alguma chance.

Não nos leve a mal. Os negócios, obviamente, exigem muita habilidade. Você precisa tirar proveito de cada situação e trabalhar duro para obter os ativos e os talentos que empregará. Mas a incerteza também existe e a estratégia é o modo de lidar com ela.

Em qualquer jogo, como nos negócios, seu objetivo deve ser proporcionar a si mesmo as melhores chances possíveis e aprender a raciocinar nesses termos. Ninguém deve receber crédito por ganhar ou deméritos por perder. Se cinco empresas tiverem, cada uma, 80% de chance de sucesso, isso ainda significa que uma delas provavelmente fracassará. E se cinco empresas tiverem, cada uma, apenas 20% de chance de sucesso, mesmo assim uma delas provavelmente será vitoriosa. Se tudo o que vemos nesse conjunto de 10 empresas são cinco vitórias e cinco fracassos, seria errado enxergar todas elas da mesma maneira. Claramente, a melhor estratégia é aquela que oferece 80% de chance de sucesso, e é essa que deve merecer o crédito, não importa quem vença ou quem perca.

O risco, sem dúvida, também deve fazer parte da discussão sobre probabilidades. Se suas chances de ganhar forem escassas, mas a aposta for baixa e o potencial de vitória enorme, o investimento talvez valha a pena. O inverso também é verdadeiro. Um grande investimento com alta probabilidade de gerar um pequeno sucesso tende a ser uma má ideia. Os jogadores de pôquer chamam esses cálculos de "*pot odds*". Se uma aposta de $100 lhe der 20% de chance de ganhar um pote de $200, você deve passar. Essencialmente, você estará pagando $100 por $40 (20% de $200). Mas você nunca deve abrir mão de uma aposta de $100 que lhe dê 20% de chance de ganhar um pote de $2000, pois estará pagando $100 para obter $400 (20% de $2000). Assim, uma avaliação de suas chances — competitivas, mercadológicas, regulatórias, etc. — precisa fazer parte de seus cálculos.

"Esqueça a probabilidade de sucesso. Quero saber quais são as chances de mantermos nosso emprego se tudo der errado."

Na temporada de 2015–16 da Premier League inglesa, o time de futebol Leicester City mostrou-nos que tudo é possível, não importa quais sejam as probabilidades. Em anos anteriores, o time chegara a cair para a terceira divisão, mas, no campeonato de 2013–14, conseguira inesperadamente passar da segunda para a primeira divisão. Todavia, a hipótese de vencer o campeonato de 2015–16 era considerada tão remota que as casas de apostas diziam ser mais provável que Elvis Presley ainda estivesse vivo do que o Leicester City conquistar a Premier League. E, no entanto, o time acabou ganhando o título.[1]

Por mais divertido que tenha sido — para muitos, foi a maior surpresa da história dos esportes —, o fato é que não gostamos de apostar que seremos uma exceção; sempre supomos que seremos a regra.

Mas quais são as probabilidades?

Descobrindo a probabilidade de sucesso

Analisamos todos os números e podemos informar que, no nível mais alto, suas chances são parecidas com as mostradas no Quadro 10. Esse diagrama indica qual é a probabilidade de uma empresa avançar pelos quintis da Curva de Potência ao longo de um período de 10 anos, tendo começado nos três quintis intermediários.

Quadro 10

Quais são as probabilidades?
Há 8% de chance de subir do quintil intermediário para o superior

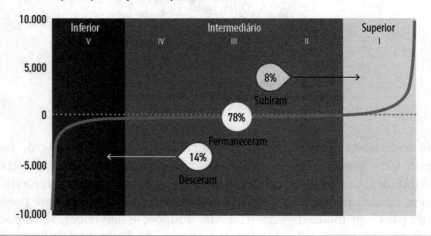

Fonte: Corporate Performance Analytics da McKinsey

A probabilidade de uma empresa avançar dos quintis intermediários para o superior em um período de 10 anos é de 8%.

Oito por cento!

Pense nisso por um momento. Menos de 1 em cada 10 empresas consegue evoluir dessa maneira em dez anos, mas imagine quantas planejaram esse tipo de melhoria de desempenho na sala de estratégia dez anos antes. Algumas devem até ter se convencido de que conseguiriam. E é provável que, na maioria delas, tais planos tenham sido aprovados.

Mas nem 1 em 10 conseguiu. Uau! Venham nos falar de improbabilidade...

Outra maneira de mostrar isso é o Quadro 11. Essa matriz nos diz, a partir da posição inicial da empresa, qual é a probabilidade de ela atingir esta ou aquela posição. Comece se familiarizando com o número 8 no diagrama — localizado na última posição da linha do meio, que indica a probabilidade de terminar no topo caso você tenha começado no meio.

Quadro 11
A matriz da mobilidade
A posição final depende da posição inicial

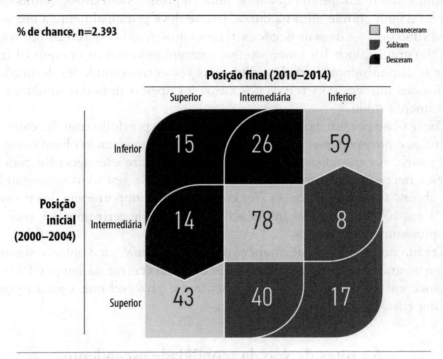

Fonte: Corporate Performance Analytics da McKinsey

Agora veja os números na diagonal cinza clara — 43, 78, 59 —, que indicam a probabilidade de você terminar na mesma posição em que começou. É como se a curva inteira tivesse um poderoso adesivo que dificultasse qualquer tipo de mobilidade: 78% das empresas do meio da curva permaneceram onde estavam e coitadas das 43% no quintil inferior que lá continuavam dez anos depois.

Olhe agora para a linha superior: as empresas que começaram no topo. Elas têm 59% de chance de permanecer nesse quintil após dez anos. Ótimo. Por outro lado, isso significa que você tem 41% de probabilidade de decair na Curva de Potência, incluindo 15% de probabilidade de acabar no quintil inferior.[2]

Muitas empresas passarão de um para outro dos três quintis intermediários. Esforços para manter e aprimorar continuamente o desempenho são muito importantes nesse sentido e as empresas poderão oferecer ótimos resultados para os acionistas se melhorarem constantemente sua posição na curva. A

84 · ALÉM DAS PROJEÇÕES HOCKEY STICK

única questão é que, dada a extrema não linearidade da curva, saltos gigantescos são exponencialmente mais vantajosos.

A probabilidade de uma unidade de negócio subir e descer pela curva é aproximadamente a mesma que a de uma empresa. Além disso, quando uma empresa dá um grande salto na curva, isso se deve principalmente a um — ou no máximo dois — de seus negócios terem conseguido concretizar um *hockey stick*. Ao analisarmos 101 empresas que subiram pelo menos um quintil (para as quais dispúnhamos de dados sobre suas respectivas unidades de negócio), verificamos que em dois terços dos casos foi apenas uma das unidades que efetivamente subiu.

Pense nisso por um momento. Se você tiver um portfólio com dez empreendimentos, é provável que, ao longo de dez anos, apenas um evoluirá como um *hockey stick*. A capacidade de identificar corretamente e fornecer-lhe todos os recursos necessários determinará se a empresa como um todo conseguirá ou não subir na Curva de Potência. Ter consciência da importância de encontrar esse "1 em 10" tem enormes implicações no modo de gerir uma empresa com múltiplos empreendimentos.

Ter um plano que lhe dê chances de subir na Curva de Potência significa, antes e acima de tudo, apoiar os empreendimentos certos de seu portfólio. Há 1 chance em 10 de melhorar efetivamente e é provável que você só precise escolher corretamente um ou dois deles.

As rotas de voo da mobilidade ascendente

Assim como as empresas geram lucro econômico em combinações muito diferentes — lembra-se de nossa discussão sobre Starbucks e Walmart? —, as movimentações na Curva de Potência também resultam de diferentes "rotas de voo", isto é, combinações de ROIC e performance de crescimento ao longo do tempo.

Quando há grandes movimentações para cima e para baixo na Curva de Potência, essas rotas de voo são espetaculares. Partindo da base (empresas dos quintis intermediários com lucro econômico médio inicial de US$11 milhões por ano entre 2000 e 2004), subir para o topo significa um lucro econômico adicional de US$628 milhões por ano, em média, e estonteantes 8,9 pontos percentuais a mais de ROIC. Um ganho de quase um ponto por ano.

As descidas são tão terríveis quanto as subidas são revigorantes: as empresas que caíram na curva perderam, em média, US$421 milhões de seu lucro econômico anual e retraíram seu ROIC em 4,5 pontos percentuais.

"ELE SEMPRE GOSTOU MAIS DE AGITAR DO QUE DE MOVER."

Algumas rotas de voo têm maior probabilidade do que outras de levar você às estrelas. O Quadro 12 mostra o que acontece dependendo de qual for o seu desempenho comparado ao da empresa mediana.

- Se seu desempenho for ruim tanto em crescimento como em aumento do ROIC, suas chances de sair do chão são praticamente nulas. Na verdade, você terá 27% de chance de cair do quintil intermediário para o inferior.
- Crescimento elevado com aumento do ROIC inferior ao da empresa mediana confere a você uma pequena chance de melhorar, mas não fazem quase nada para reduzir seu risco de decair.
- Uma estratégia de desempenho que foque o aumento do ROIC, mas não gere crescimento acima da mediana é certamente cautelosa. As chances de você cair são quase nulas, mas você só terá a probabilidade média da amostra (8%) de subir ao quintil superior.

Quadro 12
Probabilidade versus perfis de desempenho
ROIC e crescimento funcionam melhor juntos

Probabilidades para empresas nos quintis intermediários, n=1.435

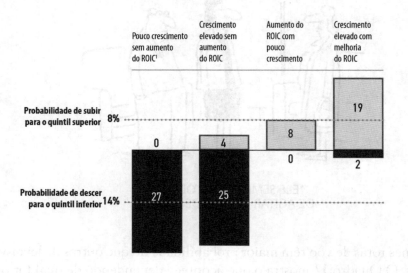

[1] Relativo à mediana da amostra
Fonte: Corporate Performance Analytics da McKinsey

- A magia acontece quando ocorrem melhorias no crescimento e no ROIC ao mesmo tempo. O desempenho superior nessas duas alavancas será recompensado com uma chance muito maior de mobilidade ascendente: 19%. É essa dinâmica dos *retornos crescentes de escala* que parece importar, pela qual cada crescimento torna a empresa não apenas maior, mas também melhor. Ativos construídos em torno de propriedade intelectual compartilhada comum, ativos com efeitos de rede ou de plataforma e ativos com custos fixos mais altos permitem enormes economias de escala e tendem a ter retornos crescentes de escala.

O que esses dados significam para você? Se seu plano *hockey stick* não contemplar melhorias tanto de crescimento como do retorno do capital investido, talvez você devesse refletir um pouco mais sobre ele. Subir ao quintil superior é mais difícil do que você pode imaginar, e as rotas de voo para o topo refletem bem esse desafio.

Uma história de três empresas

Um exame de três empresas nos ajudará a ilustrar as diferentes rotas de voo possíveis, como ilustra o Quadro 13.

Quadro 13

Uma história de três empresas
PCC, DNP e Unfi começaram em posições similares, mas acabaram bem diferentes

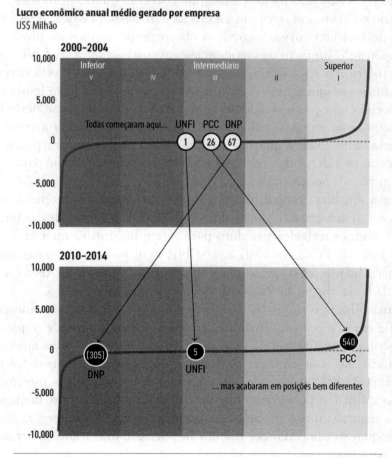

Fonte: Corporate Performance Analytics da McKinsey

A Precision Castparts Corp. (PCC) é uma fabricante norte-americana de componentes de precisão para aviões (que, a propósito, pertence há alguns anos à Berkshire Hathaway, de Warren Buffett). A United Natural Foods (Unfi) é uma distribuidora norte-americana de alimentos naturais, orgânicos e especiais e produtos similares. A Dai Nippon Printing (DNP) é uma das principais gráficas do Japão.

Escolhemos essas três porque elas iniciaram o período entre 2000 e 2004 em posições vizinhas bem no meio da Curva de Potência. Seus resultados, porém, não poderiam ter sido mais diferentes: a PCC subiu, a Unfi permaneceu estável e a DNP desceu.

A PCC valeu-se de um *hockey stick* legítimo e foi direto para o quintil superior, gerando uma CAGR (taxa de crescimento anual composta) de 27% no retorno total dos acionistas. Conseguiu isso com quatro grandes mudanças e apostando tudo em um setor em ascensão: aeroespacial e defesa. A Unfi permaneceu no meio da curva, focando a obtenção de ganhos de produtividade para compensar o impacto das tendências adversas do setor. A DNP caiu para o quintil inferior porque optou por investir maciçamente — via despesas de capital e fusões e aquisições — em um setor em declínio. Vale lembrar que o setor editorial começou a ser afetado pelas mídias digitais nesse período.

São muitos os motivos pelos quais isso aconteceu e revisaremos alguns deles mais adiante. Mas é quase certo que, em 2001, em suas respectivas salas de estratégia, os líderes das três empresas planejavam avançar para o topo e aprovavam planos *hockey stick*.

Estavam em boa companhia. Ao longo da Curva de Potência, todas as empresas estão sob pressão de desempenho, todas têm grandes esperanças e todas trabalham incrivelmente duro para terem um futuro melhor. Contudo, como no caso da PCC, da Unfi e da DNP, nem todas verão seus sonhos se tornarem realidade, e, o que é mais importante, nem todas terão a mesma probabilidade de chegar lá. Na verdade, é exatamente o oposto.

Dê uma olhada no Quadro 14. Evidentemente estamos nos antecipando, mas confie em nós por ora. Imagine que você tivesse um modelo que convertesse atributos mensuráveis de uma empresa em probabilidades ajustadas (ou condicionais) das suas chances de sucesso. Nós temos esse modelo! Embora a média seja de 8%, as chances de uma empresa nos quintis intermediários chegar ao quintil superior não apenas variam, como variam imensamente, ao menos segundo nosso modelo. As trajetórias das três empresas foram tão diferentes quanto suas chances iniciais de sucesso, mas todas se arriscaram e pagaram para ver.

QUAIS SÃO AS PROBABILIDADES?

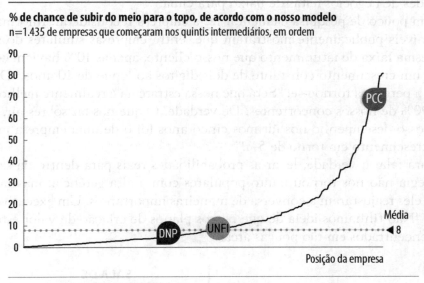

Quadro 14
Variadas probabilidades
Elas poderiam ter sabido

% de chance de subir do meio para o topo, de acordo com o nosso modelo
n=1.435 de empresas que começaram nos quintis intermediários, em ordem

Fonte: Corporate Performance Analytics da McKinsey

É intrigante, não é? Embora a probabilidade de chegar ao quintil superior seja, em média, apenas 8%, a chance de cada empresa, individualmente, varia de quase 0% a mais de 80%.

Se a probabilidade de chegar ao topo da Curva de Potência varia tanto de empresa para empresa, então a pergunta que CEOs, gestores e investidores precisam fazer é, sem dúvida: "Essas probabilidades podem ser calculadas somente após o fato ou poderiam ter sido conhecidas antecipadamente?"

Exploraremos essa questão ao longo de boa parte do restante do livro e também o que líderes empresariais podem fazer para modificar essas chances. Mas comecemos com uma pergunta simples: "Por que as probabilidades de sucesso não estão na sala de estratégia quando os planos estão sendo discutidos?"

Onde estão as probabilidades na sala de estratégia?

As conversas na sala de estratégia lembram as que se desenrolaram com um cliente nosso, um fabricante de bens de consumo com faturamento de US$18 bilhões e o desejo de alcançar crescimento de dois dígitos. A empresa havia feito muitos planos e tal desejo parecia razoável. Contudo, suas verdadeiras chances de sucesso nunca chegaram a pôr os pés na sala de estratégia. O plano fora construído a partir de uma visão interna, com base em estimativas das unidades de negócios feitas de baixo para cima.

Um pouco de pesquisa elementar fez a empresa reconsiderar. Informações disponíveis publicamente mostraram que, entre empresas similares do setor, na mesma faixa de faturamento que nosso cliente, apenas 10% haviam conseguido um crescimento constante de dois dígitos ao longo de 10 anos.[3] Diante disso, a pergunta tornou-se: "Será que nossa estratégia é realmente melhor que a de 90% de nossos concorrentes? De verdade? O que nos faz sobressair, visto que nosso desempenho nos últimos cinco anos foi o de uma empresa média, com crescimento em torno de 5%?"

Para falar a verdade, levar as probabilidades reais para dentro da sala de estratégia não nos tornou muito populares com a alta gerência, mas mesmo assim eles reajustaram a conversa de maneiras importantes. Um executivo nos disse: "Não tínhamos ideia de que nossos planos de criação de valor estavam tão concentrados em tão poucas áreas."

"QUER APOSTAR QUE NINGUÉM TERÁ CORAGEM DE FALAR EM PROBABILIDADE?"

Embora as estatísticas de movimentação pela Curva de Potência sejam claras, essas probabilidades raramente são discutidas na sala de estratégia. Empresas no quintil superior tendem a achar que merecem estar onde estão. Afinal, trabalharam duro para chegar lá e agora têm vantagens impressionantes sobre os concorrentes. Por que não permaneceriam no topo? Do mesmo modo, empresas nos quintis intermediários tendem a acreditar que são capazes de subir. Quanto à probabilidade de caírem para o quintil inferior, por que sequer pensar nessa eventualidade?

Coletivamente, já acompanhamos centenas de planos estratégicos e podemos afirmar que, para empresas no topo da curva, o número de planos que mencionam uma possível queda é muito inferior ao das estatísticas que compilamos neste livro. Alguns planos até chegam a sugerir essa decaída, mas não chegam nem perto dos cerca de 40% que observamos na realidade das empresas.

Com as probabilidades vem uma constatação explícita dos riscos e, com ela, a aversão à perda. Enfrentar diretamente os riscos pode tornar as pessoas receosas, mesmo quando se está interessado em fazer com que elas corram mais riscos. E isso pode ser um problema.

A busca pela certeza

Nas salas de estratégia, a tendência é sempre a buscar certezas, nunca probabilidades. Geralmente, começa-se considerando uma variedade de ideias, que são depois testadas e selecionadas. Quando já houver algumas hipóteses claras, estas também são testadas e refinadas a fim de reduzir a incerteza. Embora nem sempre se tenha sucesso, como os diagramas deixam bem claro, é isso que sempre se busca. Forçar as pessoas a pensar em termos de probabilidades vai contra esse desejo de certeza, esse consenso que permite que todos saiamos da sala unidos em torno de um plano e prontos para executá-lo.

Como nos disse um CEO na Itália: "Não consigo lidar com múltiplas realidades." Forçado a considerar vários cenários futuros possíveis, ele observou: "Eu preferiria escolher o mundo em que vivo." É muito mais fácil dizer às pessoas o que fazer do que viver em um mundo de incerteza probabilística. Com probabilidades na sala, torna-se mais difícil especificar os KPIs.

Planilhas não foram exatamente criadas para probabilidades e intervalos, mas para números específicos. E é por isso que é difícil incorporar, por exemplo, os 75% de probabilidade de que um valor ficará entre X e Y, e ainda ter de multiplicar isso por milhares de células de um orçamento corporativo típico. O presidente norte-americano Harry Truman disse memoravelmente que queria um economista que só tivesse uma mão [*hand*], para que não precisasse mais ouvir de seus especialistas: "Por um lado isto, por outro lado aquilo" ("*On the one hand this, on the other hand that*", literalmente "numa mão isso, noutra mão aquilo").

Você já deve ter ouvido sentimentos semelhantes em sua sala de estratégia, quando as pessoas tentam finalizar a discussão. "A vida não é um cenário. Decida-se." "Vá para a esquerda ou para a direita, mas tome uma decisão." "Probabilidades? Não me importa o que você faz no escritório; mas quando vem para cá e faz uma apresentação, por favor diga-nos o que pensa."

Questões de favoritismo também vêm à tona, que não se juntam com discussões sobre probabilidades. Tão logo se decida não espalhar recursos uniformemente e sim apoiar as unidades que tiverem as melhores perspectivas, não se estará escolhendo apenas os vencedores, mas também os perdedores. E ninguém gosta de perder. Todos nós sabemos o quanto as pessoas lutarão para proteger seus recursos e todos somos propensos a proteger as pessoas que forem leais, nossas amigas ou ambas as coisas.

"O terceiro porquinho queria construir uma casa de tijolos à prova de lobos. Mas os dois outros porquinhos acharam que isso tomaria recursos de seus orçamentos e o convenceram a mudar de ideia pouco antes do lobo matar todos os três."

Discutir probabilidades na sala de estratégia pode tornar a avaliação do desempenho algo constrangedor e complexo. A situação lembra um escritório do FBI que descobre que uma gangue pretende assaltar um de três bancos. O chefe envia equipes para os três bancos para prender os ladrões. Obviamente, apenas uma das equipes capturará a gangue, mas a unidade inteira deverá receber elogios e recompensas. Entretanto, sabemos que, na maior parte das vezes, só quem estiver no lugar certo na hora certa será louvado como herói e recompensado.

Você é seus números

Bill Parcells, um treinador de futebol americano, ilustrou isso bem ao dizer: "Somos o que o nosso placar diz que somos."[4] Em outras palavras: pare de reivindicar vitórias morais, não reclame e nunca garanta aos torcedores que o time vai melhorar.

Mesmo que sua equipe gestora pense em termos de probabilidades, estas podem acabar esquecidas no final do ano, quando chega a hora de avaliar desempenho. Ou você atingiu seus números ou não atingiu.

Ed Catmull, da Pixar, foi bastante incisivo ao falar sobre permitir ou não fracassos louváveis. Ele rotula alguns projetos como "experimentais", que não pretendem ser lançados no cinema e visam encorajar as pessoas a experimentar ideias mais arriscadas. Também já financiou algumas ideias consideradas "improváveis", de modo que o fracasso não se tornou um estigma. Mesmo assim, ele admite que "Ainda temos que nos esforçar muito até que seja seguro fracassar".[5]

Se você quiser utilizar probabilidades, precisa ser capaz de calibrá-las com precisão — uma tarefa nada fácil. Os chefes das unidades de negócio vão querer chegar a um "plano P90" — com 90% de chance de sucesso — que o CEO interprete como P50. O resultado geralmente é um acordo tácito: metas estendidas são definidas, mas seus orçamentos serão contidos por uma linha de base e o primeiro nível de pagamentos de incentivo só passará a vigorar se as metas da linha de base forem alcançadas. Em outras palavras, o CEO consegue suas metas estendidas, mas a equipe executiva também obtém metas mais brandas que poderão ser alcançadas na maior parte das vezes. O problema é que, com isso, a empresa pode acabar não promovendo iniciativas com o grau certo de ambição e, consequentemente, não distribuirá recursos de modo que a permita subir significativamente na Curva de Potência.

O CEO precisa saber quais são, de fato, as probabilidades, para que possa ajustar devidamente as metas e remunerações. É difícil definir as metas corretas no início do ano, assim como não é fácil discernir as causalidades no final do ano, devido a todos os fatores agregados que o impedem de olhar para trás. Será que a empresa foi bem-sucedida por causa das decisões gerenciais e da boa execução, ou graças a um erro cometido por um concorrente e a um mercado favorável? E será que problemas ocorreram porque o mau tempo acabou com a demanda durante a maior temporada de compra ou porque os gestores avaliaram mal seus clientes? Sabemos como os gestores votariam nessas duas perguntas...

Um ótimo exemplo de um Conselho que fez as coisas certas foi a nomeação de Wendell Weeks para CEO da Corning em 2005. O Conselho optou por Weeks, embora ele houvesse sido o diretor do setor de fibra ótica da empresa, que, no colapso das empresas ponto com de 2001, quase levara a Corning ao precipício. Esse problema, porém, foi corretamente atribuído ao agravamento das condições de mercado, não ao desempenho da alta gerência. Nos anos subsequentes, Weeks tornou-se um dos líderes corporativos mais conceituados dos Estados Unidos, tendo levado a Corning a ser a número um do mundo em

QUAIS SÃO AS PROBABILIDADES?

vidros para LCD e, com ajuda da "tecnologia gorila", também a número um em vidros para tela de *smartphones*.

Julgue por sua própria experiência, mas nos parece que o bom discernimento do Conselho da Corning foi mais uma exceção do que a regra no que diz respeito a Conselhos e CEOs atribuindo corretamente responsabilidade pelo desempenho da empresa.

● ● ●

Pois bem, onde estamos agora?

Oferecemos, pela primeira vez, um vislumbre das probabilidades em estratégia, isto é, das chances que uma empresa terá para subir ou descer na Curva de Potência, e mostramos que há extrema divergência entre as probabilidades de cada empresa. Vimos também que trabalhar com probabilidades é um grande desafio para os líderes empresariais, mas que deixá-las de lado é um dos motivos de haver tantos jogos sociais na sala de estratégia.

Agora que as probabilidades "médias" de subir na Curva de Potência entraram na sala, as próximas perguntas óbvias são: Qual é a probabilidade de sucesso de sua empresa e quais medidas você pode tomar para aumentar essa probabilidade? Como você modifica suas chances de superar o mercado?

Costumamos dizer a nossos clientes que um plano que tenha uma chance real de produzir um *hockey stick* legítimo, capaz de levar a empresa do meio para o topo da Curva de Potência, precisa ter um elemento mágico, algo que se destaque. De brincadeira, dizemos: "Você tem de ser capaz de sentir o que é especial, mesmo numa videoconferência, se quiser ter alguma confiança de que um plano *hockey stick* é, de fato, legítimo." No próximo capítulo, começaremos a detalhar como encontrar um.

"SEI O QUE PRECISAMOS FAZER, MAS NÃO TENHO ÂNIMO PARA ME MOVER."

Capítulo 5

Como encontrar um *hockey stick* legítimo

Você poderá mudar as probabilidades da sua estratégia se souber aproveitar seu endowment, apostar nas tendências corretas e, mais importante, realizar algumas mudanças importantes.

Durante décadas, houve muitos conselhos sobre como formular uma estratégia de sucesso. No entanto, parece que continuamos enfrentando os mesmos problemas: como distinguir a boa estratégia da má? Como trazer a equipe? Como realizar mudanças estratégicas significativas? Um de nossos ex-diretores gerais escreveu um artigo[1] sobre a inércia e falta de agilidade das organizações na realocação de recursos... em 1973! Por que ainda estamos enfrentando os mesmos dilemas?

97

O que é diferente desta vez?

Quase todos os livros de estratégia que hoje atulham nossas prateleiras padecem de uma falta de hipóteses testáveis. Como podemos saber se uma recomendação funciona se as únicas evidências comprobatórias forem anedóticas ou baseadas em estudos de caso? Simplesmente não há como quantificar e testar essas ideias, e é por isso que todas as listas de grandes empresas se desmantelam com tanta facilidade.[2]

Se examinar os três livros mais presentes na biblioteca dos gestores — *Vencendo a crise* (1982), *Feitas para durar* (1994) e *Empresas feitas para vencer* (2001) —, verá que todos adotam um método similar de extrair lições sobre estratégia: escolhem empresas que sejam "grandes", "excelentes" ou "duradouras" e tentam inferir a fórmula por trás dessa grandeza, excelência e longevidade. Sua premissa é que, imitando as práticas dessas empresas, você também imitará seu desempenho.[3] Estes são bons livros, sem dúvida — mais de 10 milhões de leitores não poderiam estar errados —, e todas as empresas que destacam eram realmente incríveis. Mas veja como as cinquenta empresas que mencionam se saíram nas décadas seguintes. Se você montasse uma carteira com ações delas nas datas em que os livros foram publicados e não as vendesse, teria ficado 1,7% acima do índice do mercado, o que não é de todo mau. *Empresas feitas para vencer* lidera com 2,6%, seguido de *Feitas para durar* com 1,6% e *Vencendo a crise* com 1,5%. Entretanto, a probabilidade de que as ações de uma dessas 50 empresas exemplares superasse o índice do mercado era apenas de 52%, não muito melhor do que a de um simples lance de cara ou coroa, e as chances de terem péssimo desempenho eram muito maiores do que de apresentarem ótimos resultados — apenas oito empresas superaram o índice do mercado em mais de 5% enquanto dezesseis delas ficaram mais de 5% abaixo desse índice.

As prescrições desses livros faziam sentido, embora fossem um tanto vagas — ou específicas demais desta ou daquela empresa — e é difícil discernir suas melhores ideias das menos importantes. *Empresas feitas para vencer*, por exemplo, afirma que é crucial que o CEO seja um líder Nível 5 e que um dos critérios para ser um líder Nível 5 é escolher um sucessor que também seja de Nível 5. Jack Welch, há muito considerado um dos melhores líderes que já existiram, fez uma excelente escolha quando nomeou Jeff Immelt para sucedê--lo como CEO da GE em 2000. Infelizmente, sob o comando de Welch, a GE se tornou, em essência, uma organização financeira, o que a deixou bastante vulnerável na crise global de 2008. Embora Immelt tenha reestruturado a GE e alienado os negócios mais suscetíveis a risco, o valor das ações da empresa ficou abaixo do índice do mercado ao longo dos 16 anos de sua gestão. Um líder indiscutivelmente de Nível 5 escolheu outro líder indiscutivelmente de Nível 5 e, mesmo assim, o desempenho ficou abaixo do esperado. As circunstâncias — neste caso, uma crise financeira — podem sobrepujar até mesmo uma liderança Nível 5 de categoria internacional.

"Foi aqui que decidimos ignorar todos os dados inconvenientes."

Inúmeras ideias sobre estratégia fornecem perspectiva para observarmos eventos ao longo da história e entendermos por que algo fracassou ou teve sucesso. Contudo, o que realmente importa é termos uma maneira de perscrutar o futuro, não o passado. Sabermos qual foi o número vencedor da loteria de ontem não ajuda muito.

Verifique os fatos

É por isso que enfatizamos a utilização de dados detalhados e testáveis. A partir de dados disponíveis publicamente, examinamos muitas hipóteses acerca de milhares de empresas ao redor do mundo, o que nos ajudou a identificar as alavancas de desempenho corporativo que realmente importam. Fizemos um *backtest* e verificamos que o nosso modelo gera previsões surpreendentemente precisas sobre a probabilidade de uma estratégia levar ao sucesso. Aplicamos tal análise a nosso trabalho nos últimos quatro anos, com clientes do mundo inteiro, e comprovamos que ela efetivamente produz conversas melhores sobre estratégia.

100 ALÉM DAS PROJEÇÕES HOCKEY STICK

Ao contrário dos dados que compõem a visão interna típica, nossa pesquisa fornece dados de referência sobre características gerais, utiliza amostras grandes, foca a probabilidade e é calibrada de cima para baixo, de modo a constituir um baluarte contra distorções sociais.

Já explicamos como a realidade empírica nos informa as probabilidades médias, mas agora passaremos a estimar as probabilidades específicas de cada empresa com base em seus atributos. O resultado é uma maneira de ajustar a estratégia em um mundo probabilístico — uma tabela ou *benchmarks* para estratégias. Desse modo, cientes de quais atributos são mais importantes, seremos capazes de prever de antemão a qualidade da estratégia de uma empresa.

É claro que o lado social da estratégia não sairá de cena facilmente. Mas, se aprender a manejar isso de maneiras diferentes, você poderá contribuir muito para mudar a conversa sobre estratégia.

As probabilidades que importam: as suas

Até agora, falamos da probabilidade de sucesso como uma chance de 8% de avançar do meio para o topo da Curva de Potência. Entretanto, a menos que você seja essa empresa média teórica, os 8% não lhe serão muito úteis. Seria preferível que você soubesse quais são as chances de *sua* empresa e *sua* estratégia ascenderem a Curva de Potência. Bem, podemos fazer isso detalhando o contexto, à maneira de Thomas Bayes, que nos ajudou a entender a probabilidade condicional.[4] Em outras palavras, quanto mais soubermos sobre uma empresa, maior a precisão com que poderemos estimar suas chances de sucesso.

Aqui está uma analogia simples: se a única coisa que soubermos é que uma pessoa é uma pessoa, então a melhor estimativa de sua renda seria a média mundial, ou cerca de US$15 mil por ano. Porém, se acrescentarmos outras informações — digamos que essa pessoa é estadunidense —, nossa melhor estimativa passa a ser a renda média *per capita* dos Estados Unidos, ou US$56 mil. Se, além disso, soubermos que é um homem americano de 55 anos, a estimativa salta para US$64,5 mil. Se esse homem trabalhar no setor de TI, sua renda salta para US$86 mil. E se soubermos que esse homem é Bill Gates... bem, a estimativa será muito mais alta.

O mesmo deve valer para nossa avaliação das probabilidades de sucesso corporativo. Para entendermos melhor essa ideia, voltemos às empresas do último capítulo que partiram do mesmo ponto na Curva de Potência. Se tomarmos por base a probabilidade média, todas tinham 8% de chance de avançar para o quintil superior. No entanto, seus destinos reais não poderiam ter sido mais diferentes. Mas será que havia como elas saberem de antemão? Na verdade, sim, havia.

Ao traçarmos os modelos dessas empresas, constatamos que a DNP tinha 69% de chance de cair para o quintil inferior, como ela de fato caiu. A Unfi tinha 87% de chance de permanecer no meio, e foi o que aconteceu. O modelo também estimou que a PCC tinha 76% de chance de chegar ao topo, e a empresa efetivamente conseguiu.

Probabilidade não é destino, é claro. Se quatro empresas tiverem 76% de chance de chegar à Terra Prometida, isso ainda significa que, em média, uma delas não chegará lá, para sua grande decepção. Não há muito o que fazer a respeito. Mas uma chance de 76% é muito diferente de uma chance média de 8% e deve inspirar mais confiança e apoio a uma estratégia. Muitas empresas dão a si mesmas chances ínfimas de progresso e é muito melhor que saibam disso antes de avançarem muito em um beco sem saída. Igualmente importante, caso você represente uma das empresas com 76% de chance que não chegou lá, é saber que fez a coisa certa e que terá a determinação para repetir a aposta, se for o caso.

Mesmo sabendo quais são suas chances gerais, você precisará identificar quais de seus atributos e ações são os mais importantes para determinar a probabilidade de sucesso. Esse conhecimento norteará suas decisões sobre onde dedicar seus esforços para dar à empresa a melhor chance possível de ascender a Curva de Potência.

"Sei que subir na Curva de Potência não vai ser fácil. Mas tenham em mente que sobrevivi 30 anos andando de transporte público."

Um artigo bastante divertido publicado na *The Economist*, "How to make a hit film"[5] ["Como fazer um filme de sucesso", em tradução livre], ilustra muito bem como é possível não somente saber quais são as chances de sucesso, mas também quais alavancas utilizar para aumentar essas chances (veja o Quadro 15):

Em 1983, o roteirista William Goldman cunhou o famoso aforismo "Em Hollywood, ninguém sabe nada" quando se trata de prever quais filmes serão sucesso de bilheteria.

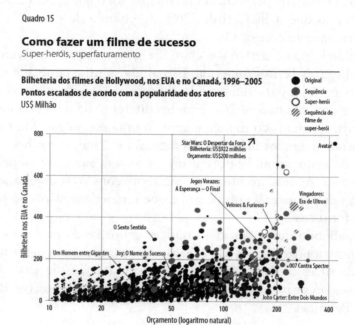

Quadro 15
Como fazer um filme de sucesso
Super-heróis, superfaturamento

1 Receita dos atores principais em filmes sem continuação nos cinco anos anteriores
Fonte: The Number; The Economist

Para descobrir até que ponto isso ainda é verdade, analisamos o desempenho de mais de 2 mil filmes com orçamento superior a US$10 milhões lançados nos Estados Unidos e Canadá desde 1995 numa tentativa de verificar quais fatores contribuem para o sucesso. [...]

Nossa análise sugere que existe uma fórmula que maximiza as chances de atrair espectadores. Primeiro, crie um filme de super-herói capaz de agradar às crianças, um filme que tenha muita ação e amplitude para se transformar numa franquia. Limite seu orçamento a impressionantes, mas não imprudentes, US$85 milhões. Convença um grande estúdio a distribuí-lo em larga escala no verão (quando os lançamentos faturam, em média, US$15 milhões a mais do que em outras épocas do ano).

COMO ENCONTRAR UM HOCKEY STICK LEGÍTIMO

Por fim, contrate dois atores principais que tenham um histórico de bilheteria comprovado, mas não espetacular, para que não sejam caros demais. Com algumas resenhas razoáveis dos críticos e do público, seu filme alcançará uma bilheteria em torno de US$125 milhões nos Estados Unidos. Mas faça tudo isso por dinheiro, não por aplausos: seu filme só terá 1 chance em 500 de levar o Oscar de Melhor Filme.

Das bilheterias de volta à sala de estratégia, a pergunta é: qual conjunto similar de atributos leva a uma boa estratégia?

As dez variáveis que fazem a diferença

Em nosso trabalho com os dados de desempenho corporativo de 2.393 das maiores empresas do mundo, abrangendo 15 anos, 127 setores da economia e 62 países, encontramos 10 alavancas que constituem os fatores mais determinantes de suas chances de sucesso. Analisamos 40 variáveis e constatamos que 10 são fundamentais. Ao fazer o *backtest* do nosso modelo com essas 2.393 empresas para as quais dispúnhamos de informações suficientes para posicioná-las na Curva de Potência, previmos com precisão de 86% a sua movimentação na curva ao longo de uma década, isto é, se terminariam nos quintis superior, inferior ou intermediários.

É provável que nenhuma dessas dez alavancas de desempenho seja novidade, pois todas elas já se encontram em alguma parte de sua lista de tópicos. O que não havia ficado claro até agora — após concluirmos a parte empírica de nosso trabalho — é a importância dessas alavancas e a intensidade com que você precisa acioná-las para realmente fazer uma diferença. Nossa pesquisa também mostra que certas coisas não são tão importantes quanto imaginaríamos para gerar uma movimentação ascendente na Curva de Potência (entre as variáveis descartadas estão o volume de crescimento *passado* das receitas e aumento ou redução da diversificação do setor ou da região).

Conforme prometemos, não se trata de outro modelo; apenas decidimos agrupar as dez alavancas em três categorias para facilitar sua utilização, a saber: *endowment*, *tendências* e *mudanças*. Se compreendê-las a fundo, suas reais chances de sucesso ficarão muito mais claras — antecipadamente, quando ainda há tempo para fazer algo a respeito da estratégia de sua empresa e sua execução. Seu *endowment* é o seu ponto de partida. As tendências são os ventos que você enfrentará ao navegar, que poderão fazê-lo avançar, empurrá-lo

104 ALÉM DAS PROJEÇÕES HOCKEY STICK

para trás ou forçá-lo para os lados. As mudanças são as coisas que você faz. *Endowment*, tendências e mudanças são as cores primárias da estratégia. Você precisa apenas aprender a misturá-las corretamente.

Detalharemos em seguida as dez variáveis que determinam suas chances de sucesso, mas primeiro explicaremos como funcionam, pois isso facilitará muito a leitura do restante do livro. Primeiro, todas elas devem ser medidas em relação às demais empresas da amostra, ou seja, não se trata de saber qual é seu grau de inteligência, mas sim se você é mais inteligente que as demais crianças fazendo o teste. Se todas elas completaram o dever de casa, você também precisa tê-lo concluído e feito ainda mais. Segundo, para ser impelido para cima, você precisa ultrapassar certo limiar superior. Nós mostraremos onde estão esses limiares e que ele é binário, à maneira da Curva de Potência em si. Melhorar um ou dois pontos não parece fazer muita diferença; você tem de se colocar em outro patamar. O mesmo vale para o lado negativo: uma pontuação ruim pode sim arrastá-lo para baixo, mas somente se você já estiver abaixo de certo limiar inferior. Agora podemos começar nossa viagem.

Endowment

Ao refletir sobre seu ponto de partida, as empresas geralmente pensam em termos de lucro e prejuízo ou de participação de mercado, mas na verdade as três variáveis mais importantes para determinar seu *endowment* são: receita inicial (tamanho), nível de endividamento (alavancagem) e investimentos passados em P&D (inovação).

1. **O tamanho da empresa**: quanto maior sua empresa, maior a probabilidade de você conseguir melhorar sua posição na Curva de Potência. Embora isso possa parecer injusto para empresas menores ou contradizer diversas histórias de sucesso de *startups*, em se tratando de escalar a Curva de Potência o tamanho amplifica os efeitos da melhoria de desempenho em termos absolutos. Nossa pesquisa constatou que, para obter uma vantagem significativa nessa variável, suas receitas totais precisam estar no quintil superior. Hoje, isso significa um faturamento em torno de US$7,5 bilhões. Não há nenhum mal em você ainda não ter atingido esse nível, mas por ora não poderá contar com os benefícios de escala para ascender a Curva de Potência. Para ilustrar a rapidez com que esse parâmetro está mudando, dez anos atrás receitas de US$3,3 bilhões eram suficientes para colocar uma empresa no quintil superior de tamanho.

COMO ENCONTRAR UM HOCKEY STICK LEGÍTIMO

2. **Nível de endividamento:** existe uma relação inversa entre o grau de alavancagem que você incorporou a seu balanço atual e suas chances de ascender a Curva de Potência. Quanto menos dívidas você tiver, maiores suas chances de subir. Sua capacidade de contrair dívidas indica quanta margem de manobra você tem para investir em oportunidades de crescimento. O fundamental é que a relação débitos–participações seja suficientemente favorável para colocar a empresa entre as 40% melhores do setor.

3. **Investimentos passados em P&D:** indica em quais prospectivas futuras você investiu e em quais talvez tenha que investir. É preciso estar na metade superior de seu setor (em termos da relação P&D/vendas) para se beneficiar de uma melhoria significativa nas chances de ascender a Curva de Potência. Para todos aqueles que duvidam do retorno dos investimentos feitos em P&D, talvez seja reconfortante verificar que tais investimentos podem realmente valer a pena.

Tendências

As duas principais variáveis desta categoria são a tendência do setor e a presença em regiões de alto crescimento. Se o setor inteiro estiver ascendendo a Curva de Potência do setor, é provável que você possa pegar carona nessa ascensão. E se estiver operando em regiões de alto crescimento, você também se beneficiará, embora estar no país certo seja menos importante do que estar em um setor em ascensão.

1. **Tendência do setor:** a tendência do seu setor é o mais importante de todos os dez atributos. Para que o setor seja seu aliado, é preciso que ele ascenda a Curva de Potência do setor a pelo menos um quintil a cada dez anos. A métrica que utilizamos foi o crescimento médio do lucro econômico em todas as empresas do setor, mais ou menos como a maré alta ou baixa faz subir ou baixar o nível médio dos barcos ancorados no porto.

2. **Tendência geográfica:** o essencial aqui é fazer parte de mercados que estejam entre os 40% melhores em termos de crescimento nominal do PIB. Para empresas que operam em mais de um mercado geográfico — como é o caso da maioria das 2.393 em nosso banco de dados —, deve-se calcular o valor do crescimento do PIB da empresa como um todo com base no percentual das receitas obtidas em cada mercado geográfico. É intuitivamente claro que estar presente em mercados de rápido crescimento gera benefícios (mas é igualmente interessante que as condições macroeconômicas sejam um mero detalhe em muitas discussões sobre estratégias de longo prazo).

Mudanças

Muitos planos baseados em projeções *hockey stick* almejam crescimento das receitas igual ao do PIB e, digamos, um aumento de dois pontos percentuais de lucro. Esse tipo de abordagem pode, de fato, permitir que você suba dos quintis intermediários da Curva de Potência para o topo em dez anos. Entretanto, tenha em mente que apenas uma pequena porcentagem das projeções realmente se concretiza. Outras empresas buscam estratégias semelhantes e a própria concorrência do mercado anula quaisquer melhorias mediante preços mais baixos ou mais serviços. Os clientes se beneficiam, mas você acaba ficando com as "costas peludas".

Nossa pesquisa encontrou cinco mudanças que, se realizadas, podem fazer com que você chegue aonde quer chegar. Elas funcionam melhor em conjunto, mas falaremos disso mais tarde. Por ora, aqui estão as cinco mudanças que encontramos e que realmente valem a pena:

1. **Fusões e aquisições programáticas**: esta mudança costuma surpreender as pessoas porque elas imaginam que os estudos comprovam que a maioria dos acordos de fusão e aquisição fracassa (estão factualmente erradas) e resistem (com razão) à ideia de um acordo que coloque a empresa em risco. Um indicador importante de sucesso são as "fusões e aquisições programáticas", isto é, um fluxo constante de acordos, cada um custando não mais do que 30% da capitalização de mercado da empresa, mas totalizando pelo menos 30% da sua capitalização de mercado ao longo de dez anos.

COMO ENCONTRAR UM HOCKEY STICK LEGÍTIMO   107

2. **Realocação dinâmica de recursos**: nossa pesquisa verificou que as empresas têm maior probabilidade de sucesso quando realocam despesas de capital rapidamente, alimentando as unidades capazes de avançar e ascender a Curva de Potência e, ao mesmo tempo, esfaimando aquelas que não dão sinais de prosperar. O limiar aqui é a realocação de pelo menos 50% das despesas de capital entre as unidades de negócio ao longo de uma década.

3. **Intenso dispêndio de capital**: você faz jus a esta alavanca se estiver entre os 20% das empresas mais bem-sucedidas do setor na relação entre dispêndio de capital e vendas. Isso normalmente significa gastar 1,7 vez a mediana do setor. Não é pouco.

4. **Força do programa de produtividade**: todos tentam reduzir custos, seja cortando gastos ou aumentando a produtividade da mão de obra. A questão é saber se você está melhorando a produtividade mais rápido do que seus concorrentes. Nossa pesquisa constatou que a meta aqui deve ser uma taxa de aprimoramento que esteja, no mínimo, entre as 30% melhores do setor.

5. **Melhorias na diferenciação**: para fazer com que a inovação do modelo de negócio e as vantagens de precificação aumentem suas chances de subir na Curva de Potência, você precisa estar entre as 30% melhores empresas do seu setor em termos do lucro bruto. Essa métrica indica se você conseguiu desenvolver uma vantagem de custo sustentável ou cobrar preços *premium* por seus produtos diferenciados e inovadores.

Tudo importa

O Quadro 16 resume essas dez alavancas para empresas que começam nos quintis intermediários (as variáveis são as mesmas, mas os valores são um pouco diferentes se você partir dos quintis inferior ou superior). Uma maneira de entender a importância relativa das alavancas é observar como a probabilidade de movimentação ascendente muda conforme o limiar de cada variável. Por exemplo, se sua empresa consegue aproveitar uma megatendência do setor (por exemplo, seu setor sobe pelo menos um quintil na Curva de Potência do setor em dez anos), a probabilidade de ela ascender do meio para o topo é de 24%. Infelizmente, apenas os 20% de empresas mais bem posicionadas desfrutam desse tipo de vantagem. Caso você enfrente dificuldades, como ocorre com 50% das empresas da amostra, sua chance de ascender é de apenas 4%. Os outros 30% de empresas, que se deparam com tendências moderadas do setor, têm 10% de chance de subir. Além disso, devemos comparar todas elas com a probabilidade geral de 8%, que vale para todas as empresas dos quintis intermediários.

Quadro 16

O impacto das dez variáveis
Seu escore fará com que melhore ou piore sua chance de 8% de mobilidade

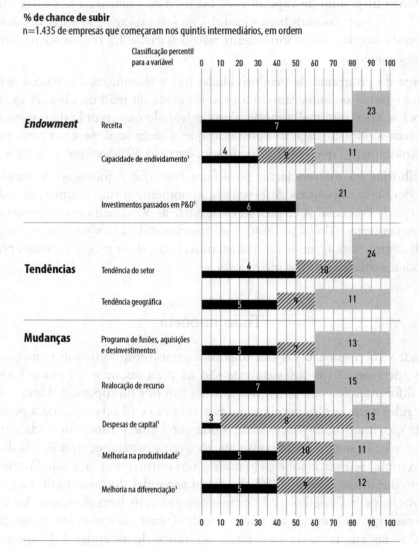

1 Normalizada pela mediana do setor
Fonte: Corporate Performance Analytics da McKinsey

COMO ENCONTRAR UM HOCKEY STICK LEGÍTIMO   109

Se tudo isso lhe parece muito complexo ou maçante, veja as coisas da seguinte maneira: quanto mais você puder estar do lado direito da distribuição das dez variáveis, melhores serão suas chances; e, quanto mais você estiver do lado esquerdo, piores elas serão. O modelo que desenvolvemos para este livro é um pouco mais complexo do que isso devido a diferentes pesos e interações entre as variáveis, mas não chega a ser muito mais complexo. E você? Está acima do limiar, o que melhora suas chances, ou abaixo do limiar, o que as prejudica?

Não desanime. Em nossa amostra, 60% das empresas nos três quintis intermediários atingiram o limiar em apenas duas ou menos das dez alavancas.

> **NOTA:** O impacto dessas alavancas sobre a probabilidade de avançar na Curva de Potência depende do ponto de partida. O fato de sua empresa estar no topo (ou na base) da Curva de Potência fará com que essas estatísticas sejam muito diferentes e a abordagem da estratégia terá de ser devidamente ajustada. Veja no Apêndice uma descrição mais detalhada.

O painel de controle da mobilidade

Aqui está (veja o Quadro 17) um "painel de controle da mobilidade" da PCC, a empresa do Capítulo 4 que ascendeu a Curva de Potência. Os círculos mostram em que percentil a PCC se encontrava em cada uma das dez variáveis. As cores das barras indicam o instante em que a pontuação de uma alavanca começa a modificar a probabilidade de a empresa subir ou descer na Curva de Potência, ou seja, o ponto onde se encontram os limiares. Se uma empresa pontuar na zona sombreada superior, a probabilidade de subir aumenta; se pontuar na zona sombreada inferior de uma alavanca, suas chances de subir diminuem.

Como se pode ver, no caso da PCC (fabricante sexagenária de componentes complexos de metal para os mercados aeroespacial, de energia e industrial), a pontuação de seu *endowment* era relativamente medíocre em 2004. Os níveis de receita e endividamento eram apenas medianos e a empresa não investira maciçamente em P&D. Em termos de tendências, sua presença geográfica não chegava a impressionar. No entanto, o crescimento do setor aeroespacial ao longo desses dez anos ajudou muito.

ALÉM DAS PROJEÇÕES HOCKEY STICK

Quadro 17

O painel de mobilidade da PCC
Uma pontuação alta nas 5 variáveis deu à PCC alta probabilidade de subir

Legenda:
- Aumenta a chance de subir
- Reduz a chance de subir
- ⭘ Pontuação do atributo

Percentil (0 – 50 – 100)

Endowment
- Receita
- Capacidade de endividamento[1]
- Investimento passado em P&D[1]

Tendências
- Tendência do setor
- Tendência geográfica

Mudanças
- Programa de fusões, aquisições e desinvestimentos
- Realocação de recurso
- Despesas de capital[1]
- Melhoria da produtividade[1]
- Melhoria da diferenciação[1]

Chance de mobilidade da PCC

Descer	Permanecer no meio	Subir
1	23	76

1 Relativo ao setor

Fonte: Corporate Performance Analytics da McKinsey

Mais importante, porém, a PCC realizou mudanças importantes que, coletivamente, elevaram suas chances de atingir o quintil superior para 76%. A empresa conseguiu isso superando os limites de alto desempenho em quatro de cinco alavancas. Com relação a fusões, aquisições e desinvestimentos, a PCC protagonizou um grande volume de acordos de alto valor ao longo da década, com um programa deliberado e regular de transações nos mercados aeroespacial e de energia. Foram transações constantes, não surtos pontuais. Os últimos dois anos do nosso estudo foram exemplos típicos das ações da PCC ao longo da década. Em 2013, ela adquiriu por US$600 milhões a Permaswage

SAS, fabricante de equipamentos de fluidos aeroespaciais, e vendeu a Primus Composites. Isso foi seguido, em 2014, pela aquisição da Aerospace Dynamics, operadora de centros de usinagem de alta velocidade, por US$625 milhões, ou cerca de 2% da capitalização de mercado da PCC.

Em outras mudanças, a PCC realocou 61% de seus gastos de capital entre suas três principais divisões, realizando a rara dupla façanha de aumentar a produtividade e o lucro — a única empresa aeroespacial e de defesa em nossa amostra a fazê-lo. Enquanto quase dobrava a produtividade da mão de obra, a PCC também reduziu seus gastos em três pontos percentuais. E elevou de 27% para 35% a relação entre lucro bruto e vendas.

A combinação de tendência positiva do setor e execução bem-sucedida de várias mudanças transformou a PCC num verdadeiro paradigma de "estratégia de alta probabilidade" e talvez explique por que a Berkshire Hathaway concordou em adquiri-la por US$37,2 bilhões em 2015. Além disso, como mostra o Quadro 18, as recompensas para os acionistas não poderiam ser mais evidentes.

Quadro 18

Um *hockey stick* real
Quatro de cinco mudanças levaram a PCC direto ao quintil superior

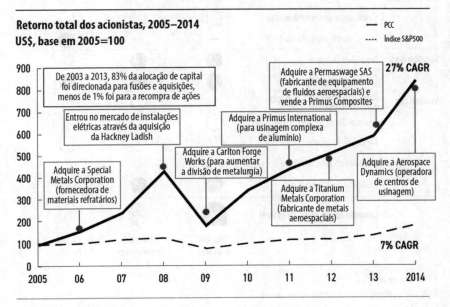

Fonte: Thomson Reuters Eikon

ALÉM DAS PROJEÇÕES HOCKEY STICK

Em contrapartida, relembrando as outras duas empresas que discutimos, a DNP e a Unfi, ambas enfrentaram dificuldades setoriais e geográficas, e tudo o que fizeram não bastou para superá-las (veja o Quadro 19). A DNP começou com um *endowment* razoável, mas só teve sucesso em duas das cinco alavancas possíveis, levando nosso modelo a prever 69% de chance de despencar para o quintil inferior. E assim se sucedeu. A Unfi ultrapassou o limiar em apenas um atributo, mas aumentou suficientemente a produtividade (em um setor em que a produtividade é muito importante) para que nosso modelo prenunciasse que ela permaneceria nos quintis intermediários. E foi exatamente o que aconteceu.

Quadro 19

Quanto melhor o painel de mobilidade, melhor a probabilidade

A PCC claramente tinha o melhor painel

Painéis de mobilidade, 2000–04 a 2010–14

● Acima do limiar superior ● Abaixo do limiar inferior
○ Entre limiares — Não aplicável

		DNP	UNFI	PCC
Endowment	Receita	●	○	○
	Capacidade de endividamento	○	○	○
	Investimento passado em P&D	—	—	●
Tendências	Tendência do setor	●	●	●
	Tendência geográfica	●	●	●
Mudanças	Programa de fusões, aquisições e desinvestimentos	●	○	●
	Realocação de recurso	○	○	●
	Despesas de capital	●	○	○
	Melhoria da produtividade	○	●	●
	Melhoria da diferenciação	●	●	●
Cenário ideal mais provável		**69**	**87**	**76**
		Chance de descer	Chance de permanecer	Chance de subir

1 Relativo ao setor

2 Classificação percentual média versus escore

Fonte: Strategy Practice e Corporate Performance Analytics da McKinsey

COMO ENCONTRAR UM HOCKEY STICK LEGÍTIMO 113

Para sermos bem claros, a PCC teve excelente desempenho ao longo desse período de dez anos, mas não estamos alardeando a empresa como um exemplo representativo. Nossa análise não tem nenhum poder preditivo no que diz respeito ao desempenho da PCC após 2015. Estamos apenas explicando seu sucesso nos dez anos anteriores e utilizando o exemplo para demonstrar que teria sido possível prever se conhecêssemos a estratégia da empresa e a tendência do setor aeroespacial entre 2001 e 2004.

Conheça as probabilidades

Ao analisarmos as chances de 2.393 das maiores empresas do mundo avançarem na Curva de Potência, constatamos que o *endowment* determina cerca de 30%, as tendências cerca de 25% e as mudanças em torno de 45% da probabilidade de isso acontecer. Embora a tendência do setor seja a mais importante das dez alavancas, são os movimentos estratégicos que, juntos, explicam quase metade da mobilidade das empresas na Curva de Potência.

A ABB, fabricante de equipamentos elétricos, e a gigante de produtos químicos BASF são exemplos de empresas com extraordinário *endowment* que alavancaram essa vantagem para subirem do quintil intermediário ao quintil superior na Curva de Potência ao longo da década abrangida por nossa pesquisa. Com relação a tendências, a montadora japonesa Isuzu foi ajudada por crescimentos setoriais e geográficos, avançando desde o quintil inferior da Curva de Potência até o superior. Em termos de mudanças, vimos como a PCC saiu-se bem em quatro das cinco alavancas e chegou ao topo.

Embora tenhamos falado sobre cada alavanca separadamente, na realidade esses atributos são concomitantes. Probabilidades não são calculadas por mera adição, mas computando-se cuidadosamente as influências combinadas identificadas pelas análises de nossa pesquisa. De modo geral, as ações nas dez alavancas têm de ser muito maiores do que se imagina e o que importa é saber se elas ultrapassam determinados limiares, quase sempre em comparações com os concorrentes. Isso é muito importante. Uma grande mudança não é grande porque é difícil ou porque a equipe sente que deu o máximo de si; é grande quando for grande em relação à concorrência.

Quem poderia imaginar que estar situado na metade superior ou inferior do setor em termos de gastos com P&D faz uma diferença de 15 pontos percentuais na probabilidade da empresa chegar ao quintil superior da Curva de Potência? No entanto, é isso que acontece. Quantas vezes vimos empresas quererem aumentar a produtividade em 2% sem pensarem como isso as faria avançar ou recuar em relação aos concorrentes? Quem imaginaria que, para uma empresa evoluir, é muito mais importante executar o maior número possível das cinco alavancas do que concentrar-se em uma só área? E quem poderia supor que múltiplas mudanças concomitantes seriam tão raras?

Isso é tudo?

A ideia de que probabilidades possam ser determinadas por apenas dez atributos não é nada intuitiva e chega a ser desconcertante. Com certeza, muitos dirão, outras variáveis também importam, como talento, liderança, cultura e as misteriosas minúcias da execução. Pesquisas empíricas incompletas chegam a insinuar que, sim, importam; no entanto, mesmo que não possamos isolar esses fatores, o que estamos oferecendo aqui constitui um grande avanço em relação ao que as empresas fazem hoje, que é, basicamente, esperar que suas estratégias funcionem. É óbvio que a precisão superior a 80% de nosso modelo inclui implicitamente essas outras alavancas, porque o modelo é construído a partir da totalidade das evidências empíricas de como as empresas avançam na Curva de Potência. Esses outros fatores, como talento e liderança, sim-

COMO ENCONTRAR UM HOCKEY STICK LEGÍTIMO 115

plesmente ainda não foram desmembrados. No momento, estamos buscando maneiras mais explícitas de medir o talento e de incorporá-lo às estimativas de probabilidade. Por ora, é assim que vemos essa questão: não importa a qualidade da base de talentos; se a estratégia não levar a empresa a ultrapassar os limiares das dez alavancas, dificilmente o talento conseguirá compensar deficiências do *endowment*, das tendências ou das mudanças.

Também examinamos Curvas de Potência específicas de cada setor. Embora sejam semelhantes, o formato exato de cada uma pode variar. Como também variam as probabilidades até certo ponto. Constatamos que a probabilidade média de avançar dos quintis intermediários para o superior varia de 5% a 16% em alguns dos setores que analisamos em maior detalhe. Também é verdade que, em alguns setores, fusões e aquisições simplesmente não são uma opção realista; por exemplo, quando o setor já está consolidado, se existirem barreiras regulatórias, etc. Estamos agora examinando conjuntos de dados ainda maiores com tecnologia de *machine learning* para tentarmos dar outro grande salto. Ou seja, ainda resta muito trabalho para nós e para você.

O relevante para você e sua empresa é que agora é possível saber, com antecedência, quais são suas chances de alcançar o sucesso com determinada estratégia. Você saberá quais são suas chances com precisão suficiente para agir e determinar as alavancas mais importantes para seu negócio. Como todos os atributos podem ser medidos e comparados com os de uma grande amostra de empresas, nosso modelo de *endowment* + tendências + mudanças fornece uma visão externa autêntica de suas probabilidades.

O que torna essa ferramenta poderosa no combate aos efeitos do lado social da estratégia é que agora você tem um *benchmark* da qualidade de uma estratégia que independe de juízos subjetivos na sala de estratégia. Agora você tem um referencial externo que ajudará a regular a probabilidade de sucesso de sua estratégia e, com isso, uma ferramenta para mudar a conversa entre os membros de sua equipe.

Se essa visão externa tivesse feito parte das discussões sobre estratégia na DNP ou em outras empresas com grande probabilidade de caírem para o quintil inferior, é provável que as pessoas envolvidas agissem de modo diferente. Quando mostramos a Curva de Potência para uma seguradora dos EUA que estava próxima do topo do quintil superior, o *benchmark* alarmou o CEO, que perguntou: "O que isso significa? Será que temos de trabalhar duro apenas para permanecer onde estamos? Será que ainda resta algum espaço para melhorarmos? Ou devemos tentar transformar o setor a fim de deslocar a curva como um todo?"

116 ALÉM DAS PROJEÇÕES HOCKEY STICK

Ele voltou-se para sua equipe e perguntou: "Vocês sabiam disso? Estão formulando estratégias que possam nos fazer avançar nessa curva? Quais de vocês comandam divisões capazes de ajudar a empresa inteira a se movimentar?" E a estratégia daquela empresa mudou naquele instante.

Evidentemente, as estratégias dependem de *insights* genuínos e novas ideias. A estratégia é uma arte. Portanto, embora não haja muito que você possa fazer a respeito do *endowment*, exploraremos nos próximos dois capítulos como você poderá aplicar alguns de seus *insights*, ideias e arte não apenas às tendências, mas principalmente às mudanças que aumentem ao máximo as chances de sucesso. Você precisará aprimorar sua capacidade de prever tendências e os movimentos futuros de seus concorrentes.

Formular uma boa estratégia continuará sendo difícil, mas você no mínimo aumentará e muito suas chances de entender em que medida ela se aproxima de uma estratégia vencedora.

• • •

Agora mergulharemos mais fundo no papel das tendências e das mudanças, os atributos que podemos efetivamente influenciar.

Capítulo 6

O destino está traçado

Perceber que algo está prestes a acontecer é fácil, mas agir na hora certa pode ser difícil. Para aproveitar a tendência, você deve superar a falta de visão, parar de evitar a dor e vencer a inércia.

S e quiser entender a importância de interpretar corretamente as tendências, pergunte a Cor Boonstra, ex-CEO da Royal Philips. Ele detectou uma tendência decisiva em sua unidade, a PolyGram, no final dos anos 1990 e teve a coragem de agir. A PolyGram era uma das principais gravadoras do mundo, cujo elenco de artistas incluía Bob Marley, U2 e grandes artistas clássicos. Boonstra, porém, voou para Nova York em 1998 para um encontro na Goldman Sachs, com o intuito de vender a PolyGram para a Seagram por US\$10,6 bilhões. Por quê? Porque ele tivera acesso a uma pesquisa exclusiva conduzida pela divisão de armazenamento óptico da própria Philips, mostrando que a maioria dos consumidores estava utilizando os CD-ROMs graváveis, tecnologia que a Philips coinventara, com um só propósito: copiar músicas. O formato MP3 mal acabara de ser inventado, o Napster ainda era um mero brilho nos olhos de Sean Parker e a PolyGram estava em sua melhor forma. Mas Boonstra viu os primeiros sinais de transformação e agiu decisivamente. Em uma década, as vendas de CDs e DVDs nos EUA caíram mais de 80%.[1]

Terá Boonstra escolhido o momento certo de vender? Ele acertou em cheio. Basta olhar para o Quadro 20, que mostra que as receitas de CDs/DVDs estavam no auge quando a venda da PolyGram se concretizou.

Quadro 20

Disrupção na indústria musical
A Philips previu o que ia acontecer e agiu

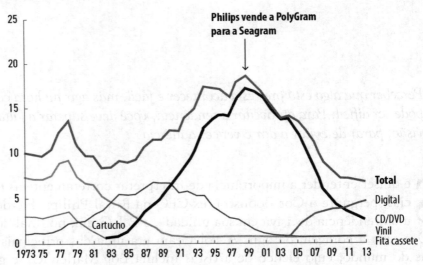

Fonte: Associação Americana da Indústria de Gravação

É seguro dizer que a maioria de nós não consegue cronometrar o mercado com tanta precisão. Vemos tendências o tempo todo e nos sentimos à vontade para falar sobre elas, não importa quais sejam — o que está acontecendo na economia, novas inovações tecnológicas, o que se passa em nosso setor, novos estilos de roupa, o que é que há com as crianças hoje. Mas se pergunte: com que frequência subestimamos a importância das tendências, o contexto em que operamos, por acreditar que estamos no controle? Com que frequência conseguimos enxergar as tendências, mas não agimos com rapidez suficiente?

Praticamente todo processo estratégico confere ao menos alguma credibilidade às tendências. Conselhos têm o hábito de convidar especialistas do setor para explicar suas visões do futuro. Ou talvez seu CEO tenha visitado o Vale do Silício e voltado de lá inspirado por histórias de fortunas geradas por inovações e pela tecnologia, de agilidade, de empresas sem *dress code*. É quase inevitável que ideias de *blockchains*, nuvens e *hyperloops* se infiltrem na sala de estratégia, trazendo visões grandiosas de como será a vida daqui a algumas décadas.

Em muitos casos, as equipes de estratégia labutam diligentemente preparando análises do setor para que possam dizer: "Sim, nós entendemos as tendências. Podemos seguir adiante agora?" Na maioria das vezes, porém, as empresas nem se capacitam nem tomam medidas específicas para tirar o máximo proveito das tendências. E raramente traduzem as tendências em "bolsões de investimento" viáveis ou alocam convictamente recursos para capturar as oportunidades.

Um de nossos clientes conseguiu que sua organização levasse as tendências a sério, mas foi preciso um verdadeiro choque para que isso acontecesse. Depois que nós três escrevemos um artigo para a *McKinsey Quarterly*, em 2011, sobre os "Dez testes atemporais da estratégia",[2] esse cliente, uma empresa petrolífera global de grande porte, utilizou os dez testes como um desafio. Os membros do Conselho solicitaram que cada unidade preparasse uma breve apresentação da estratégia, concentrando-se nas escolhas mais importantes que tinham de fazer. As apresentações foram encaminhadas ao Conselho, que as classificou de acordo com os dez testes. As discussões mais acirradas ocorreram seguidamente em torno do Teste nº 4: "Sua estratégia coloca a empresa à frente das tendências?" Graças a isso, a empresa reorientou seu portfólio de crescimento e investiu muito mais explicitamente em oportunidades de negócios que envolvessem as tendências e microtendências que ela priorizava. Os ganhos foram significativos.

Uma conversa muito diferente sobre estratégia

Os mecanismos em si, embora cruciais na implementação, não são tão importantes aqui. Basta entendermos o quadro geral das alavancas e vermos como elas podem levar a uma conversa muito diferente sobre estratégia, fundamentada em uma visão externa muito mais produtiva do que a visão interna tradicional predominante nas salas de estratégia.

Voltamos a insistir que não estamos prometendo uma bola de cristal. Mesmo que você fosse a PCC e tivesse 76% de chance de chegar ao quintil superior, isso não significa que tal ascensão seja garantida.

Naturalmente, vimos algumas empresas que moveram de maneiras não sugeridas pelo modelo. Uma concorrente da PCC do setor aeroespacial e de defesa nos oferece uma boa lição. Ela atuava em um setor de forte crescimento, seu *endowment* era invejável e aparentemente empreendia mudanças ousadas. A empresa tinha 72% de probabilidade de ascender do meio para o quintil superior da Curva de Potência ao longo da década que estudamos. Entretanto, passou de um lucro econômico de US$70 milhões para um prejuízo de US$780 milhões, despencando para a base da Curva de Potência.

Embora a empresa houvesse empreendido várias mudanças, o problema foi justamente a mudança com menor probabilidade de sucesso (além da má execução de outras). Fez uma jogada no mínimo arriscada, que não vingou. Adotou uma estratégia de fusões e aquisições em grande escala, que aumentou drasticamente seu endividamento, sem retorno correspondente. A pouca disciplina operacional dos principais programas aeroespaciais e de defesa provocou atrasos e estouros de orçamento. E algumas externalidades também desempenharam um papel, como um volume de pedidos aquém do esperado para um produto importante. Embora o *turnaround* tenha melhorado a rentabilidade e reduzido o endividamento, a empresa é um lembrete oportuno de que o crescimento do setor e grande *endowment* nem sempre são suficientes.

Por outro lado, durante a década em questão, a cadeia de hotéis norte-americana Starwood Hotels & Resorts subiu ao topo da Curva de Potência, contrariando todas as probabilidades. Atuando em um setor em queda, e apesar de uma dívida significativa, a Starwood passou de um lucro econômico negativo de US$306 milhões entre 2000 e 2004 para US$332 milhões positivos uma década depois, superando a média do setor (US$182 milhões entre 2010 e 2014). Seu sucesso foi impulsionado por uma grande mudança aparentemente contraintuitiva: a racionalização do portfólio. Ao longo dessa década, a Starwood fez uma única aquisição, a Le Méridien, e impressionan-

O DESTINO ESTÁ TRAÇADO

tes 51 desinvestimentos, incluindo a venda de estabelecimentos de luxo das marcas Sheraton e W. Essa abordagem programática de fusões, aquisições e desinvestimentos permitiu uma mudança fundamental no modelo operacional da Starwood, que deixou de ser uma proprietária de imóveis e tornou-se *marketer* de marcas de hotéis com baixo investimento de capital. A gerência capitalizou os pontos fortes da empresa, reconheceu as baixas iminentes e seu pesado endividamento, e decidiu dar um grande passo que contrariava todas as probabilidades.

Apesar da experiência destes e outros exemplos que "contrariam as probabilidades", o fato de nosso modelo explicar com 80% a 90% de acerto as movimentações na Curva de Potência comprova seu mérito. As exceções geralmente servem apenas para reforçar as regras. E ainda que, como seres humanos, possamos amar os azarões (e, talvez, embora com menos virtude, também o fracasso dos figurões), como investidores ou gestores é sempre mais inteligente acatar as probabilidades.

Tênis ou *badminton?*

Se você quer jogar um esporte de raquete, seria prudente seguir os passos do jogador de tênis Roger Federer, não do campeão de *badminton* Lin Dan. Ambos são notavelmente bem-sucedidos, talvez os melhores em seus respectivos esportes. Ambos são extraordinárias figuras de *marketing*, com instintos competitivos e charme pessoal. No entanto, ninguém pergunta: "Por que Roger não joga *badminton?*" (Talvez possam perguntar, ao invés: "Quem é Lin Dan?") Um dos motivos é que um tenista entre os 10 melhores do mundo ganha de 10 a 20 vezes mais do que até mesmo o melhor jogador de qualquer outro esporte de raquete. Por mais hábil que Lin Dan possa ser em seu esporte, não há como ele superar a desvantagem de seu "setor".

Do mesmo modo, você precisa dar a si as maiores vantagens que puder em termos de tendências. Conforme explicamos, as duas que julgamos mais importantes — para onde caminham seu setor e sua região — representam 25% de suas chances de subir ou descer na Curva de Potência. As tendências são o chão movendo-se sob seus pés. Elas podem levá-lo para cima (ou para baixo) antes mesmo que você dê qualquer outro passo estratégico. Antecipar-se às tendências é, de longe, a escolha estratégica mais importante que você fará.

"Só estou interessado no tipo de tendência que resulta em lucros gigantescos."

Dada a intensidade da maioria dos negócios, muitas empresas tendem a focar os concorrentes imediatos e não dão tanta importância aos motivos mais gerais de sua movimentação na Curva de Potência. Talvez seus ganhos resultem do que ocorre em seu setor, não de algo específico que você esteja fazendo. Talvez você ofereça entrega rápida justamente quando ocorre uma forte expansão do *e-commerce*. Ou talvez você seja uma operadora de casas de repouso em um momento em que a população está envelhecendo. Inversamente, você pode não ter tanta sorte e ser uma emissora de TV cujo público está migrando para serviços de *streaming*.

Setores da economia são como escadas rolantes

Alguns de vocês talvez se lembrem de quando eram crianças e tentavam chegar antes de seus pais ao andar de cima subindo correndo por uma escada rolante que descia. Era preciso correr feito louco apenas para acompanhá-los, que subiam sem esforço algum. Os setores da economia são assim: ou estão em ascensão e aceleram seu progresso, ou estão parados e é apenas o seu esforço que conta, ou estão em declínio, o que significa que você tem de trabalhar duro apenas para permanecer onde está (quanto mais para avançar).

Das 117 empresas que saltaram dos quintis intermediários para o superior, 85 ascenderam com o setor (que subiu pelo menos um quintil). Apenas 32 avançaram contra uma tendência descendente do setor (que caiu pelo menos um quintil), provando que tal façanha é possível. Das 201 que caíram dos quintis intermediários para o inferior, 157 foram arrastadas para baixo pelo setor. Uma empresa em um setor do quintil superior tem cinco vezes mais chance de incluir-se no quintil superior das empresas do que uma empresa de um setor do quintil inferior (veja o Quadro 21).

Por isso, é crucial identificar todas as tendências relevantes e agir de acordo com elas no momento certo. As tendências precisam se tornar suas aliadas.

Quadro 21
Setores da economia são como escadas rolantes
Megatendência do setor ajuda na ascensão de empresas na Curva de Potência

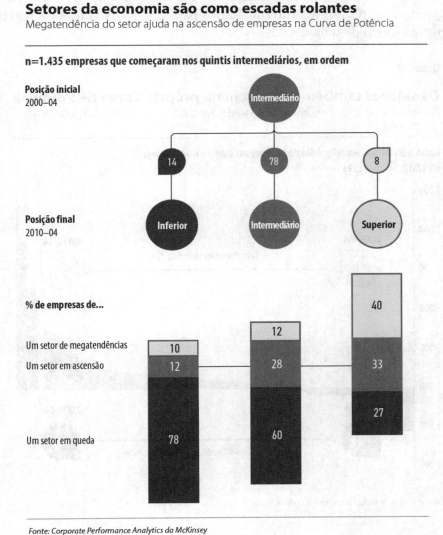

Fonte: Corporate Performance Analytics da McKinsey

A economia global passa por ciclos, à medida que surgem novas tecnologias e modelos de negócio e os antigos acabam, que as estruturas do setor mudam e novos ecossistemas se formam, que *profit pools* encolhem e crescem e também mudam de setor. Os resultados podem ser dramáticos e exigir ações decisivas importantes (veja o Quadro 22). Por exemplo, dez anos atrás o setor de telecomunicações sem fio pulou quase da base da curva para quase o topo. A indústria de petróleo e gás, com a recente queda nos preços das *commodities*, fez o percurso inverso em nosso ranking de 127 setores. No geral, a movimentação dos setores lembra a movimentação das empresas: dos 127 setores, 9% avançaram dos três quintis intermediários para o topo da Curva de Potência do setor ao longo de uma década.

Quadro 22

Os setores também se movem na própria Curva de Potência
Por exemplo, o setor de comunicação sem fio ascendeu enquanto o de petróleo e gás desceu

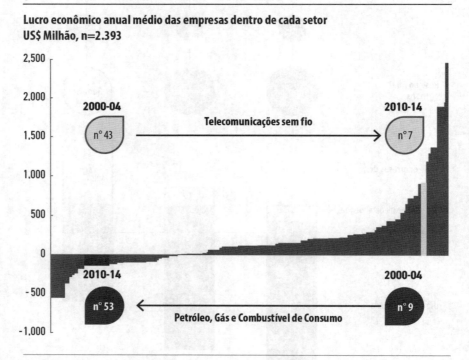

Fonte: Corporate Performance Analytics da McKinsey

O DESTINO ESTÁ TRAÇADO

Se, em seu setor, você se deparar com uma tendência propícia, o fator que mais contribui para melhorar as probabilidades da empresa, como dissemos, aproveite essa tendência ao máximo. Por outro lado, ao se deparar com uma tendência adversária do setor, talvez você deva pensar seriamente em mudar o setor ou mudar de setor.

Mude o setor ou mude de setor

Se estiver enfrentando um grau de disrupção como o que a Kodak teve com a fotografia digital, você tem apenas duas opções: ou transformar seu setor (por exemplo, mediante consolidação a fim de alterar as expectativas fundamentais de desempenho) ou decidir abandoná-lo e firmar-se em um espaço menos ameaçado. Infelizmente, nem uma nem outra são fáceis.

Após apresentarmos nossos dados em uma conferência europeia de empresas de serviços públicos, três executivos nos procuraram e disseram estar chocados com a posição de seu setor na Curva de Potência. Os dados haviam deixado dolorosamente claro que a Curva de Potência é relevante até mesmo para escolhas pessoais de carreira, pois exigem que as pessoas se mantenham atentas às prováveis tendências de seu setor e à posição deste na Curva.

Contudo, transformar o setor não acontece da noite para o dia, e o lado social torna a adaptação ainda mais difícil. Raras vezes uma empresa tem liberdade para se deslocar de um segmento para outro conforme a ocasião — firmas de *private equity* e *venture capital* são algumas raras exceções. Para quem dirige uma empresa, mudanças no setor são difíceis, todavia, para algumas, talvez seja imprescindível.

Se você pretende permanecer no mesmo segmento, talvez precise encontrar formas de alterar a dinâmica para impulsionar o desempenho sustentavelmente. Por exemplo, a indústria cervejeira da Austrália, cujo desempenho era regular décadas atrás, foi consolidada de modo tão completo pela Lion e pela Foster's nos anos 1980 e 1990 que o setor se tornou muito mais atraente para ambas. A LAN Airlines firmou um novo modelo de negócio para companhias aéreas na América do Sul e saiu-se extremamente bem. A Buurtzorg Nederland transformou o setor de atendimento médico domiciliar da Holanda e criou uma história de sucesso econômico e social com um modelo profundamente novo e humanitário. O que todas essas empresas têm em comum é o fato de terem feito mudanças inovadoras e dedicado todos os seus recursos para mudar o jogo. Todas executaram estratégias que alteraram dramaticamente as bases da concorrência em seu setor e se posicionaram para aproveitar ao máximo essas mudanças.

Se não puder reescrever as regras de seu segmento, você talvez tenha de reconduzir seu portfólio com novos empreendimentos de grande crescimento. Empresas que levam a sério esse tipo de realocação conseguem transferir mais de 50% de sua base de capital para novos setores em um período de dez anos. Adquirir a confiança necessária para tal, contratar os talentos certos e obter as capacidades indispensáveis são obstáculos difíceis de contornar.[3] Para muitas, no entanto, diante das probabilidades infinitesimais de sucesso em seu setor atual, encontrar essas novas oportunidades pode ser a única forma de aumentar as chances de terem um futuro promissor.

Quase 25% das empresas em nosso banco de dados conseguiram transferir mais da metade de seu investimento de capital ao longo de uma década; outras 30% transferiram mais de um quinto.

Como conseguiram?

Como dissemos, um elemento essencial é abandonar a noção de que o *status quo* é a linha de base. Nos dias de hoje, permanecer onde se está já é difícil. A Curva de Potência é íngreme e vem se tornando cada vez mais com o tempo. Os concorrentes não estão parados. Portanto, você tem de descartar a noção de que seu setor é favorável e abrir as portas da sala de estratégia para uma visão externa realista e inexorável.

Pense também em mudar de local

Embora o local não seja tão importante quanto o setor, ele é um fator influente. Você deve avaliar as regiões em que opera e comercializa seus produtos ou serviços em termos de seu potencial de crescimento e suas tendências. Como pode imaginar, estar presente em regiões de forte crescimento também é um fator importante na geração de crescimento lucrativo. Além disso, ter uma perspectiva granular de onde o crescimento ocorre é fundamental. Por exemplo, um grande fabricante de computadores levou a granularidade a níveis extremos na China. Eles analisaram 680 grandes cidades, agrupadas em 21 *clusters*, e priorizaram cada cidade, shopping center e loja desses shoppings visando otimizar o retorno de seus investimentos em crescimento. Apenas realocando os gastos de vendas e *marketing* a empresa acelerou o crescimento em 50%.

O DESTINO ESTÁ TRAÇADO

Pergunta aleatória: Você conhece Tianjin? Chengdu? Chongqing? Não?

Chongqing é uma cidade no oeste da China com mais de 30 milhões (!) de habitantes, alguns dos quais provavelmente montaram a impressora a jato de tinta ou a laser que você tem em casa. Se não conhece essas cidades, provavelmente também não está ciente de que mais de 50% do crescimento do PIB global na próxima década poderá ser atribuído a 230 cidades chinesas.

Obviamente, uma presença acima da média em mercados em rápido crescimento pode ser vantajosa para o crescimento da sua empresa.

Verificamos que as empresas sediadas em mercados emergentes não apenas se beneficiaram das tendências de crescimento desses mercados, como também cresceram nos mercados desenvolvidos. Mais do que uma mera curiosidade, esse fato ressalta a importância de não se focar apenas os mercados domésticos. Em 2012, o recém-nomeado CEO da Philips, Frans van Houten, lançou uma iniciativa para tornar a China um "segundo mercado doméstico" para a empresa, resultando em crescimento acelerado e em substancial fortalecimento da competitividade, especialmente perante concorrentes locais chineses.

Além dos *insights* específicos obtidos ao entender o *ranking* e as perspectivas relativas de vários setores e regiões, o exame das tendências também começa a transformar o diálogo na sala de estratégia. Nem todo crédito é hoje atribuído à gestão e nem toda a culpa é atribuída a fatores externos que não puderam ser controlados. Agora é possível ver realmente quanto da movimentação de uma empresa na Curva de Potência é originada por fatores relacionados a seu setor e região e quanto decorre do que você e seus colegas alcançaram em termos de mudanças. Uma nova perspectiva fundamentada agora faz parte das conversas, o que poderá ajudar a reformular a discussão.

Pense micro

Insights cruciais nem sempre envolvem megatendências ou grandes disrupções. Um dos maiores desafios para agir com base nas tendências é a rotina diária de atender os clientes e às suas necessidades em tempo hábil. Sucesso duradouro talvez seja simplesmente o reflexo cumulativo de compreender devidamente as tendências do setor, assegurando que a empresa tenha flexibilidade para se adaptar e canalizar recursos às melhores oportunidades — e que o faça com mais rapidez e agilidade do que os concorrentes.

Sucesso duradouro consiste em escolher corretamente as regiões, os segmentos de clientes e os microssegmentos e em realocar recursos dos empreendimentos atuais para se beneficiar das diferentes expectativas e tendências de crescimento. Um dos autores deste livro, Sven Smit, coautor de *The Granularity of Growth*, mostrou que 80% da variação no desempenho de crescimento das empresas é explicada pela escolha dos mercados em que operam e realizam fusões e aquisições.[4] O fabricante de computadores que opera na China, mencionado acima, fez exatamente isso e pôs em prática uma abordagem extremamente granular para alocar recursos à frente das tendências de crescimento.

Sir Martin Sorrell, CEO do conglomerado de *marketing* WPP, descreve como é importante buscar as oportunidades do próprio setor[5]:

> *Um dos principais motivos de termos crescido [...] é que buscamos focar as áreas de forte crescimento. No momento, se sua empresa estiver localizada na Ásia ou no Pacífico, ela crescerá mais rapidamente do que se estivesse localizada na Europa Ocidental. Tentamos identificar tendências de crescimento em nosso setor e a preservação de nossa taxa de crescimento dependerá disso. Também dependerá, é óbvio, de encontrarmos as melhores aquisições, mas será principalmente uma questão de aproveitar oportunidades [....] Por mais inteligente que você seja, se insistir em algo que não dará certo, tudo será muito mais difícil.*

Dada a importância da posição e das tendências do setor, as empresas que melhor se adaptarem incorporarão essas perspectivas ao arsenal cotidiano de como a equipe gestora considera o desempenho. Em vez de se valer de análises detalhadas esporádicas, geralmente baseadas em dados contábeis internos e relatórios do mercado, é possível utilizar análises integradas pormenorizadas

O DESTINO ESTÁ TRAÇADO 131

para obter em poucos dias o que era impossível fazer em meses somente alguns anos atrás. É possível efetuar comparações de desempenho e desagregações no nível do setor, *benchmarks* de portfólios, avaliações de crescimento, etc., até chegar aos recursos analíticos dos investidores.

A necessidade de *insights* privilegiados

Para se diferenciar, você precisa de *insights* privilegiados. Estes surgem quando você passa das tendências de alto nível para os "bolsões de investimento", isto é, oportunidades de negócio específicas e realizáveis.

Às vezes, desenvolver *insights* privilegiados exige que se invista em dados protegidos. Durante décadas, as empresas B2C investiram em programas de fidelidade (como as milhagens das empresas aéreas ou cartões de loja do varejo), que muitas vezes oferecem descontos em troca de dados do cliente, os quais permitem obter *insights* mais profundos e monetizáveis. Hoje os supermercados conseguem segmentar os clientes em várias dimensões de uma só vez (por exemplo, região, demografia, tamanho do carrinho, frequência de compra, participação em promoções, combinação de produtos *premium*, etc.). Não estamos mais falando de oito segmentos, mas de milhares. Hoje os supermercados podem personalizar suas campanhas de *marketing*, ajustar o alcance por loja, entender quais categorias são mais ou menos sensíveis a preço, determinar quais marcas geram mais fidelidade, realizar testes A/B online e muito mais. Portanto, embora a macrotendência diga que "o varejo está se tornando cada vez mais online", é a visão granular do cliente e dos bolsões de investimento que garante a eficácia dessa mudança.

Também é possível comparar macro e micro *insights* para identificar quais tendências são reais e quais são apenas *hype* ou modismo. Em 2010, a CHEP, fornecedora consagrada de paletes de madeira, estava sendo ameaçada pela adoção de paletes de plástico com etiquetas RFID, que eram comercializados agressivamente por sua rival, a iGPS. Os investidores viram nisso uma macrotendência que decretaria o fim dos paletes de madeira e encorajaram a CHEP a investir pesado em plástico para substituir os paletes existentes. O micro *insight* da CHEP baseou-se em um entendimento detalhado de quais clientes estavam substituindo os paletes de madeira pelos de plástico e os motivos de fazê-lo. A CHEP identificou qual era a tendência subjacente que abriu as portas para a ameaça dos paletes plásticos: a automação cada vez maior dos processos de fabricação de bens de consumo não duráveis significou que as dimensões dos paletes precisavam atender exigências muito mais rigorosas.

A empresa verificou que o plástico era adequado apenas para um nicho de clientes e que era economicamente inviável em grande escala (devido ao custo de capital muito mais elevado do plástico em relação à madeira). Em vez de substituir sua base de capital existente, avaliada em US$2 bilhões, e passar a produzir apenas paletes de plástico (a opção mais dispendiosa), a CHEP decidiu satisfazer a necessidade subjacente do cliente e investiu em processos de qualidade e de reparo mais rigorosos. Também utilizou um algoritmo de expedição que garantia que os clientes que precisassem de paletes de máxima qualidade tivessem acesso a eles. O lucro da empresa sofreu ligeiramente, mas a iGPS foi à falência depois de perder vários clientes vitais, incluindo a PepsiCo, e acabou sendo comprada por uma firma de *private equity*.

Agindo com base no destino

Tendo estabelecido a importância de estar à frente das tendências, chegamos agora ao maior contratempo de todos: muitas vezes o que torna uma empresa bem-sucedida é o que dificulta a ação com base nas tendências. Uma empresa consagrada pode ter dificuldades para lidar com disrupções. Ser líder do setor pode tornar difícil, mas não impossível, agir com base no destino.

Uma década atrás, a Schibsted, um conglomerado de mídia norueguês, tomou uma decisão corajosa: oferecer classificados — a principal fonte de receita de seus jornais — online gratuitamente. A empresa fizera grandes investimentos na internet, mas percebeu que, para estabelecer um baluarte digital pan-europeu, teria de apostar mais alto. Durante uma apresentação

O DESTINO ESTÁ TRAÇADO 133

para um possível parceiro francês, os executivos da Schibsted ressaltaram que os sites de classificados europeus existentes tinham tráfego limitado. "O mercado está aí para quem quiser", disseram, "e nós o queremos". Hoje, mais de 80% de seu faturamento vem de classificados online.

Na mesma época, os Conselhos de outros jornais importantes também avaliavam as perspectivas de um futuro digital. Como a Schibsted, eles certamente devem ter até elaborado e debatido cenários hipotéticos em que *startups* da internet tomavam para si os lucrativos anúncios classificados impressos (que o setor apelidara de "rios de ouro"). Talvez esses cenários não tenha lhes parecido suficientemente alarmantes ou talvez fossem perigosos demais para que sequer os contemplassem. Seja como for, o fato é que pouquíssimos jornais seguiram o caminho da Schibsted.

Em retrospecto, agora que a mídia impressa foi destruída pela disrupção digital, é fácil dizer quem tomou a decisão certa. Mas é tudo bem mais impreciso quando se está nos estágios iniciais da disrupção. Nos anos 1980, as grandes siderúrgicas sabidamente subestimaram o potencial das *mini-mills*. Nos anos 1980 e 90, o computador pessoal reduziu o valor da Digital Equipment Corporation, da Wang Laboratories e de outros fabricantes de minicomputadores. Mais recentemente, os varejistas online provocaram a disrupção das redes de lojas físicas, e a Airbnb e a Uber Technologies provocaram a disrupção do setor de hospedagem e de transporte por carro, respectivamente. Os exemplos abrangem todo o espectro do mundo dos negócios, de softwares de banco de dados à carne embalada a vácuo.

O que todos esses exemplos têm em comum é a frequência com que empresas estabelecidas se veem do lado errado de uma grande tendência. Por melhores que sejam seus balancetes e por maior que seja sua participação de mercado — e às vezes justamente por causa desses fatores —, empresas consagradas não conseguem conter a onda de empresas disruptivas.

A boa notícia é que muitos setores ainda estão nos estágios iniciais da disrupção. Mídia impressa, viagens e hospedagem fornecem exemplos valiosos do caminho que cada vez mais empresas tomarão. Para a maioria, ainda há tempo suficiente para reagir.

Qual é o segredo de empresas estabelecidas que sobrevivem à disrupção e, às vezes, até prosperam? Com certeza, um aspecto diz respeito à capacidade de reconhecer e superar o padrão típico de reação (ou falta dela) que as caracteriza. Isso requer certa presciência e a disposição de reagir com determinação antes que seja tarde demais, o que geralmente significa agir antes que se torne óbvio que é preciso agir. Como ressaltou Reed Hastings, CEO da Netflix, quando sua empresa estava realizando a passagem de DVDs para *streaming*, a maioria das organizações de sucesso não busca as coisas novas que seus clientes querem porque tem medo de prejudicar a atividade principal da empresa. "As empresas raramente morrem por avançarem depressa demais, mas frequentemente sucumbem por serem devagar demais"[6], disse.

Somos todos grandes estrategistas *a posteriori*. A questão é saber o que fazer quando se está no meio do turbilhão, tentando administrar uma empresa grande e moderna diante das limitações e pressões do mundo real. Do ponto de vista das empresas estabelecidas, é preciso percorrer as quatro etapas de uma tendência disruptiva.

As quatro etapas de uma tendência disruptiva

Pode ser útil visualizar essas etapas em uma curva sigmoidal (veja o Quadro 23). No início, empresas jovens têm de lutar contra a incerteza, mas são ágeis e dispostas a experimentar. Nessa etapa, elas valorizam o aprendizado e a livre escolha e se esforçam para criar valor patrimonial com base na expectativa de ganhos futuros. O novo modelo precisa atingir certo nível para assegurar sua permanência. Mas, à medida que as empresas amadurecem, isto é, à medida que se tornam incumbentes, as mentalidades e realidades começam a mudar. Rotinas e processos se tornam inalteráveis. A variabilidade é eliminada ou padronizada em meio à crescente complexidade organizacional. Na busca pela eficiência, opções estratégicas são eliminadas e executivos são recompensados por apresentarem resultados contínuos. O parâmetro de sucesso passa a ser a geração de fluxos de caixa consistentes e crescentes no aqui e agora. A esperança e as variadas opções de ganhos futuros são substituídas pela rotina das expectativas sempre crescentes de desempenho.

Em uma disrupção, a empresa que avança para o topo da velha curva sigmoidal depara-se com um novo modelo de negócio na parte inferior de uma nova curva. A destruição criativa completa mais um ciclo, mas a situação não é mais a mesma. E surgem dois grandes desafios.

De um lado, pode ser difícil reconhecer a nova curva sigmoidal, que começa com uma leve inclinação e uma lucratividade quase sempre inexpressiva. A nova curva não chama a atenção de quase ninguém. Ray Kurzweil, o inventor, futurista e investidor, diz que é difícil reconhecer os estágios iniciais das curvas de crescimento exponencial, pois a maioria dos processos em nossa vida evolui de modo mais linear.[7] Embora a maioria das empresas se mostre perfeitamente capaz de lidar com emergências óbvias, reorganizando recursos

Quadro 23

As quatro etapas de uma tendência disruptiva
Quando uma nova curva sigmoidal se sobrepõe a uma antiga

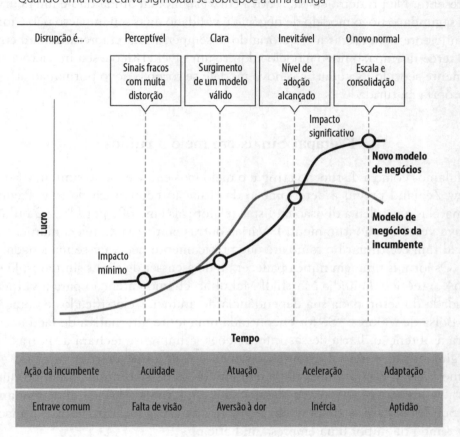

rapidamente e agindo de forma decisiva, quase todas têm dificuldade para enfrentar a lenta e silenciosa ascensão de uma ameaça incerta que não se anuncia com estardalhaço.

O segundo desafio é que os mesmos fatores que ajudam a empresa a ter um forte desempenho no topo de uma curva sigmoidal costumam prejudicá-la na base de uma nova curva. Modos de operação diferentes se tornam necessários, mas nem sempre é fácil fazer a coisa certa, mesmo quando você acha que sabe o que deva ser. Além disso, nas novas curvas sigmoidais, o sucesso tende a exigir conjuntos de habilidades diferentes. O valor da experiência é degradado.

A imagem simplificada de uma nova curva sigmoidal colidindo em câmera lenta com uma antiga é uma maneira de encarar o problema do ponto de vista da empresa estabelecida e de entender os desafios efetivos que cada momento apresenta. Na primeira etapa, a nova curva sigmoidal ainda não é uma curva. Na segunda, o novo modelo de negócio é validado, mas seu impacto não é forte o suficiente para afetar a trajetória do desempenho da empresa incumbente. Na terceira etapa, o novo modelo adquire um nível crítico e seu impacto é claramente sentido. Na quarta, o novo modelo se torna o novo normal ao atingir a própria maturidade.

1ª etapa: Sinais em meio a ruídos

Já falamos como a disrupção atingiu o meio musical. De modo similar, a Spark New Zealand previu a deterioração da situação econômica de suas Páginas Amarelas e vendeu a divisão de listas telefônicas em 2007 por US$2,2 bilhões (nove vezes o seu faturamento). Várias outras empresas de telecomunicações decidiram continuar no ramo até que praticamente não valesse mais nada.

Os jornais também nunca padeceram de escassez de sinais similares. Já em 1964, o teórico da mídia Marshall McLuhan chamou atenção para a vulnerabilidade do setor, dada sua dependência de anúncios classificados e cotações da Bolsa de Valores: "Se for encontrada uma fonte alternativa de fácil acesso para a obtenção diária dessas informações, a imprensa fechará as portas."[8] O surgimento da internet criou precisamente essa fonte alternativa e *startups*, como o eBay, criaram uma nova maneira de as pessoas anunciarem produtos para venda sem recorrerem a classificados em jornais. Mas a grande mudança da Schibsted para se adaptar, em 1999, foi uma das poucas iniciativas tomadas em tempo hábil por uma empresa midiática.

Não chega a surpreender que a maioria dos outros jornais não tenha reagido. Nesse estágio inicial de disrupção, as empresas estabelecidas não sentem quase nenhum impacto em sua atividade principal, somente nas periféricas. Elas não "precisam" agir. É necessária rara acuidade para iniciar um movimento preventivo (e, provavelmente, ainda ter de enfrentar demandas conflitantes dos *stakeholders*). Além disso, pode ser difícil discernir quais tendências ignorar e a quais reagir.

Esse estado de negação pode abrir portas para novos participantes. A entrada vitoriosa da Aldi no setor australiano de supermercados contra um duopólio bem estabelecido foi, em parte, possibilitada pela recusa desses operadores consagrados de reconhecer quão atraente era a proposta da Aldi para o consumidor australiano. No início, o impacto foi insignificante, pequeno demais para forçar os concorrentes para uma posição defensiva que pudesse sacrificar os lucros. Ouvia-se falar em "gerenciar ameaças", mas as reações das empresas sugeriam um estado de negação. Dezesseis anos depois, com lojas cada vez mais presentes, a Aldi detém 13% de participação do mercado australiano e continua crescendo.

Adquirir *insights* mais perspicazes e deixar para trás a falta de visão dessa etapa inicial exige que a empresa desafie sua própria "história" e abandone crenças antigas (e, às vezes, implícitas) sobre como ganhar dinheiro em determinado setor. Como colegas nossos disseram em artigo recente, "Tais crenças institucionais refletem noções compartilhadas por muitos acerca das preferências do cliente, do papel da tecnologia, da regulação, dos geradores de custos e da base da competição e da diferenciação. Elas tendem a ser consideradas invioláveis — até que surja alguém para violá-las."[9]

O processo de reestruturação de crenças institucionais envolve identificar qual é a noção fundamental sobre criação de valor e, em seguida, esforçar-se para encará-la sob outros prismas a fim de encontrar novas formas e mecanismos de criação de valor.

O lado social da estratégia, como sempre, complicará essa ressignificação, pois as pessoas já se acostumaram ao modo antigo de pensar e mudar atitudes não é fácil. Muitas empresas ainda têm empreendimentos que geram muito dinheiro na curva sigmoidal, os quais, na batalha por recursos, poderão, ainda que na surdina, impedir tentativas de avançar para uma nova curva.

138 ALÉM DAS PROJEÇÕES HOCKEY STICK

Os argumentos dos tradicionalistas serão particularmente persuasivos nas etapas iniciais, quando a atratividade da transição ainda não está bem clara.

Como Alan Kay, pioneiro da computação pessoal, costumava dizer: "Todo mundo gosta de mudanças, exceto pela parte da mudança."

2ª etapa: A mudança se estabelece

A tendência agora está clara. Os principais geradores de custos tecnológicos e econômicos foram validados. Nesse ponto, é essencial que as empresas estabelecidas resolvam fomentar novas iniciativas para que possam se firmar na nova esfera. Mais importante, elas precisam garantir que os novos empreendimentos tenham autonomia em relação à atividade principal, mesmo que as metas das duas operações sejam conflitantes. A ideia é agir antes que sejam obrigadas a fazê-lo.

Entretanto, como o impacto da disrupção ainda não é grande o suficiente para diminuir o ritmo dos ganhos, muitas vezes não há motivação para tal atitude. Mesmo quando classificados online para veículos e imóveis começaram a decolar e o Craigslist ganhou força, não houve senso de urgência na maioria dos jornais, pois suas participações de mercado permaneceram praticamente inalteradas. Além disso, não era como se os novos participantes estivessem faturando milhões. Ainda não estavam. Não parecia haver motivo para invejar o desempenho alheio.

A Schibsted, porém, encontrou a motivação necessária. "Quando a bolha das empresas ponto com estourou, continuamos a investir, apesar de não sabermos como iríamos ganhar dinheiro online", relembra o CEO Kjell Aamot. "Também permitimos que os novos produtos competissem com os produtos antigos." A oferta de classificados online gratuitos destruiu os jornais, mas a Schibsted dispôs-se a assumir o risco. A empresa não agiu apenas; ela agiu radicalmente.

A Microsoft realizou uma mudança igualmente radical depois que o então CEO Bill Gates fez um retiro em 1995 e percebeu que a empresa estava subestimando monumentalmente a importância da internet. Ele retornou com seu famoso "memorando da internet" e reorientou a empresa de alto a baixo, acabando com alguns projetos, realocando recursos para outros e ainda lançando alguns novos.

É preciso reconhecer como é difícil para os líderes de uma empresa se comprometerem a apoiar empreendimentos experimentais quando um negócio está ascendendo a curva sigmoidal. Poucas empresas têm um Bill Gates por perto. Quando a Netflix provocou a própria disrupção em 2011 ao mudar seu foco dos DVDs para o *streaming*, o preço de suas ações despencou 80%.

O DESTINO ESTÁ TRAÇADO

Poucos Conselhos e investidores são capazes de suportar esse tipo de prejuízo, ainda mais quando a justificativa de curto prazo é dúbia. Uma vaga e longínqua ameaça não parece tão perigosa quanto as dificuldades imediatas. Afinal, empresas estabelecidas têm fluxos de receita existentes para preservar; as *startups* têm apenas benefícios a conquistar. Além disso, as equipes de gestão sentem-se mais à vontade formulando estratégias para negócios que elas sabem operar e é natural que relutem em participar de um novo jogo cujas regras não entendem. Em outras palavras, o lado social da estratégia vence novamente.

O resultado? A maioria das empresas estabelecidas titubeia, realizando pequenos investimentos que não chegam a nivelar a curva sigmoidal atual e que protegem contra a canibalização. Em geral, elas focam excessivamente a busca de sinergias (sempre almejando a eficiência) em vez de promoverem a experimentação radical. A ilusão de que tais atitudes vacilantes estão permitindo que a empresa entre no jogo é tentadora demais para não ser acreditada. Muitos jornais criaram adendos online de seus classificados, mas poucos se dispuseram a correr o risco de canibalizar os fluxos de receita tradicionais, que ainda eram ainda abundantes e mais lucrativos. E é preciso lembrar que, a essa altura, a Schibsted ainda não havia sido recompensada por agir precocemente: seus resultados pareciam bastante semelhantes aos de seus concorrentes.

Com o tempo, é claro, ações mais ousadas acabam se tornando necessárias e os executivos têm de se comprometer a incentivar empreendimentos de pequeno porte com potencial de reduzir o valor das ações no curto prazo. A gestão de tal portfólio exige grande tolerância a ambiguidades e requer que os executivos se adaptem a condições mutáveis dentro e fora da empresa, mesmo que a aspiração de entregar resultados favoráveis aos acionistas permaneça constante. O perigo é a tendência a proteger a atividade principal por causa de incentivos financeiros de curto prazo e de laços emocionais que impedem que se contemple negócios periféricos.

ALÉM DAS PROJEÇÕES HOCKEY STICK

Uma parte nada pequena desse desafio é aprender a aceitar que o *status quo* anterior deixou de ser a linha de base. O sucesso futuro do modelo de baixo preço da rede de supermercados Aldi era visível mesmo nos estágios iniciais. No entanto, muitos supermercados decidiram evitar a dor imediata de aprimorar os preços iniciais e melhorar seus próprios produtos. Em retrospecto, esses passos abriram caminho para o forte crescimento da Aldi em três continentes.

3ª etapa: A inevitável transformação

A essa altura, o futuro já está batendo à porta. O novo modelo provou ser superior ao antigo, ao menos para certo nível de empresas que o adotaram, e o setor inteiro está se movimentando. Nessa etapa da disrupção, a fim de acelerar a própria transformação, o desafio da empresa estabelecida é transferir agressivamente recursos para novos empreendimentos que competirão com ela mesma e que ela fomentou na segunda etapa. Isso significa tratar novos negócios como investimentos de capital de risco que só se pagarão se forem devidamente redimensionados em tempo hábil, enquanto os antigos negócios estão sujeitos a soluções financeiras do tipo *private equity*.

Realizar essa difícil mudança implica superar a inércia que pode afligir as empresas mesmo nos melhores momentos. Como vimos, o lado social da estratégia praticamente garante que recursos serão alocados uniformemente, o que dificulta uma reorientação nítida da empresa.

A etapa mais difícil

Na verdade, nossa experiência sugere que a terceira etapa é a mais difícil para empresas estabelecidas. À medida que o desempenho deixa a desejar e os orçamentos são reduzidos, é natural que elas tendam a reduzir ainda mais as atividades periféricas e a se concentrar na atividade principal. Altos executivos com poder decisório, que geralmente provêm dos maiores centros de negócio, resistem em ter seus domínios ainda lucrativos (porém de crescimento fraco) esvaziados de recursos em favor de novatos que aparentemente nada têm a mostrar. Como resultado, a liderança tende a investir menos do que deveria nas novas iniciativas e ainda lhes impõe exigências de alto desempenho, enquanto os empreendimentos antigos continuam a receber a maior parte dos recursos. A essa altura, as próprias forças que pressionam a atividade principal fazem com que a empresa se torne ainda menos disposta e apta a lidar com elas. Sob influência do lado social da estratégia, há uma espécie de reflexo condicionado de conservar recursos justamente quando seria mais necessário realocar e investir com agressividade.

Os Conselhos desempenham um papel importante. Com demasiada frequência, eles relutam ou são incapazes de mudar o modo como veem a linha de base do desempenho, piorando ainda mais o problema. Muitas vezes, a reação (compreensível) de um Conselho ao baixo desempenho é pressionar ainda mais os gestores a atingir metas ambiciosas dentro do modelo atual, ignorando a necessidade de mudanças mais fundamentais. Isso só piorará os problemas no futuro.

Para complicar ainda mais as coisas, empresas estabelecidas e inicialmente bem posicionadas podem ter uma falsa sensação de conforto nessa etapa, pois são as organizações mais fracas do setor que são mais atingidas primeiro. A narrativa de que "isso não está acontecendo conosco" é muito crível e tentadora. O essencial aqui é monitorar de perto as alavancas subjacentes e não apenas ver as coisas retroativamente pela ótica dos resultados financeiros. Há um mote conhecido que diz: "Eu não preciso correr mais que o urso para não ser comido por ele; basta correr mais que você"; no caso da disrupção, porém, essa estratégia apenas adia o inevitável. O urso continuará correndo e você acabará sendo comido.

Mesmo quando o caminho a seguir é razoavelmente claro, pode ser difícil fazer com que a equipe se mova na nova direção. Quando certo fabricante asiático de alta tecnologia decidiu diversificar e ingressar na área da energia renovável, nenhum membro da alta gerência quis liderar o negócio. A empresa teve de trazer um profissional externo, que nunca conseguiu recursos suficientes. A estratégia estava correta, mas a falta de um líder forte levou ao fracasso e a uma baixa contábil de US$10 milhões apenas alguns anos depois. Do mesmo modo, um banco australiano quis expandir para a Indonésia a fim de capitalizar a tendência digital e a expansão do mercado consumidor daquele país. Nenhum membro da cúpula ergueu a mão quando convidado a ir para lá construir o novo pilar de crescimento. A empresa abandonou os planos ali mesmo.

Para gerar a aceleração necessária nesta etapa do jogo, uma empresa estabelecida precisa iniciar uma corajosa e incessante realocação de recursos do antigo para o novo modelo e mostrar-se disposta a gerenciar novos negócios de forma diferente (e muitas vezes à parte) da antiga. Nesse sentido, não há nada mais elucidativo do que a venda pela Axel Springer, em 2013, de alguns de seus antigos produtos de mídia impressa mais lucrativos, que representavam cerca de 15% das vendas, para a número três da mídia impressa da Alemanha, o Funke Mediengruppe. Esses produtos, como o *Berliner Morgenpost*, que pertencia à Axel Springer desde 1959, haviam sido parte essencial do DNA corporativo e eram emblemáticos de sua cultura jornalística. Não mais. A Axel Springer percebeu que o valor futuro do negócio não implicava mais a simples preservação dos lucros atuais, mas dependia da criação de um novo motor econômico. A empresa de mídia alemã era "uma mera anã da internet", segundo o *Financial Times Deutschland*, até dar uma arrancada em 2005,[10] quando partiu para uma maratona de aquisições, comprando 67 propriedades digitais e lançando 90 iniciativas próprias até 2013. O mais importante foi escolher a nova área para a qual expandir — os classificados online, que ofereciam lucros elevados e alto crescimento — e na qual apostar tudo. A lição da Axel Springer, e também da Schibsted, é que empresas estabelecidas podem vencer mesmo começando tardiamente, desde que se lancem ao jogo com todas as forças. Hoje, mais de 80% do LAJIDA da Axel Springer provém do digital.

Quando empresas estabelecidas não têm capacidade interna de construir novos negócios, elas devem se esforçar para adquiri-los. Aqui, o desafio é programar as aquisições para algum ponto entre o momento que o novo modelo de negócio é comprovado e o instante em que o valor do novo modelo se torna alto demais — além, é claro, de se certificar de que é a "melhor proprietária natural" de cada negócio a ser adquirido. Exemplos dessa abordagem no setor financeiro incluem a aquisição do Banco Simple pelo BBVA e a aquisição da firma de design Adaptive Path pelo Capital One.

O DESTINO ESTÁ TRAÇADO

4ª etapa: Adaptando-se à nova normalidade

Nesta etapa final, a disrupção já terá atingido um ponto em que as empresas não têm outra escolha senão aceitar a nova realidade: o setor mudou radicalmente. No caso das empresas estabelecidas, sua base de custos não estará mais alinhada com os novos *profit pools* (provavelmente muito menores), seus ganhos entrarão em queda livre e elas se encontrarão mal situadas para assumir uma posição forte no mercado.

É esse o ponto em que a mídia impressa se encontra hoje. Os "rios de ouro" dos classificados secaram, fazendo com que a sobrevivência passasse a ser a primeira prioridade e o crescimento, a segunda. Em 2013, no International News Media Association World Congress, o CEO da Fairfax Media, empresa de mídia australiana, disse: "Sabemos que, em algum momento no futuro, seremos predominante ou exclusivamente digitais em nossos mercados metropolitanos."[11] É verdade que alguns jornais consagrados conseguiram criar poderosas plataformas online de notícias, com alto tráfego; mas, de modo geral, anúncios no site e *paywalls*, por si só, não bastam para gerar um faturamento próspero, e os agregadores de redes sociais continuam promovendo a separação dos serviços. Empresas de mídia típicas têm tido de enfrentar as múltiplas e dolorosas ondas de reestruturação e consolidação que podem ser necessárias para lhes permitir semear crescimento e buscar maneiras de monetizar sua marca.

Para empresas estabelecidas que, como a Axel Springer e a Schibsted, conseguiram dar o salto, a fase de adaptação traz novos desafios. Elas agora são empresas predominantemente digitais e, portanto, estão expostas à volatilidade e ao ritmo acelerado que decorre disso. Em vez de descansar, elas têm de se adaptar por meio de uma ininterrupta autodisrupção. Pense no Facebook subvertendo de seu modelo de negócio em 2013 para tornar-se "*mobile acima de tudo*"; ou na chinesa Tencent, que permitiu que o WeChat, oferecido em dispositivos móveis, canibalizasse a QQ, sua já dominante plataforma de mídia social para computadores desktop. Não se pode ficar satisfeito com a primeira mudança; é preciso estar preparando para mudar sempre.

Em alguns casos, o potencial das empresas estabelecidas está tão vinculado ao modelo de negócio antigo que é improvável que o renascimento por meio da reestruturação funcione. Nesses casos, abandonar o negócio pode ser a melhor maneira de preservar o valor. Por exemplo, talvez tivesse sido melhor para Eastman Kodak Company deixar muito mais depressa a fotografia, visto que nenhuma das suas inúmeras estratégias conseguiu salvá-la. Quando uma empresa está fundamentada em uma tecnologia que se tornou arcaica e que é categoricamente diferente do novo padrão, nem mesmo ter presciência perfeita do fim do filme fotográfico ou do CD poderia resolver o problema central: o digital é essencialmente menos lucrativo.

Além disso, o lado social da estratégia pode, novamente, complicar a passagem. Ao contrário da Axel Springer, a maioria das empresas acha difícil abandonar um negócio que tenha forte identificação com sua história. Quando um executivo sênior, orgulhoso e bem-sucedido administra por tanto tempo, é difícil para o CEO tirar recursos de suas mãos, mesmo quando o negócio está ameaçado. Conselhos e equipes gestoras acham difícil abrir mão de velhas ideias, incluindo premissas acerca da lucratividade. Em muitas empresas, não há nada mais sagrado do que o empreendimento em torno do qual elas foram originalmente construídas.

O desafio é adaptar e realinhar estruturalmente as bases de custos à nova realidade dos *profit pools* e aceitar que o "novo normal" provavelmente incluirá muito menos "rios de ouro".

● ● ●

Embora seja difícil interpretar corretamente as tendências, o próximo capítulo traz boas notícias: apresentaremos o que descobrimos sobre combinações de mudanças importantes que podem ajudar a empresa a reposicionar seus negócios à frente das tendências.

Não foi uma jornada fácil até aqui, mas estamos enfim preparados para a discussão mais importante. Você agora tem uma visão externa que lhe ajudará a avaliar seu desempenho, a refletir sobre suas chances de alcançar um sucesso significativo e a compreender o *endowment* e as tendências que estão lhe afetando.

Agora você tem condições de fazer a pergunta mais importante: Quais as mudanças a serem feitas?

Em homenagem a todas as pessoas que lideraram e irão
empossar-se antes de mim... somos como irmãos...

"Em homenagem a todas as pessoas que lideraram esta empresa antes de mim... sejamos conservadores."

Capítulo 7

Fazendo as mudanças certas

Cinco mudanças importantes fazem toda a diferença para mudar as suas chances. Grandes mudanças podem parecer assustadoras, mas, na verdade, são a sua aposta mais segura. E a melhor maneira de realizá-las é dando uma série de pequenos passos intencionais ao longo do tempo.

A o chegar à página 37 da discussão sobre estratégia, você já perdeu de vista o que é importante e o que não é. Você ouviu longas listas de coisas que precisam ser feitas para aumentar a participação de mercado, para conquistar o próximo grande cliente, para aumentar o lucro. No início da discussão na sala de estratégia, você talvez tenha falado sobre grandes escolhas a serem feitas, mas isso foi semanas atrás. Agora, você está mergulhado nas minúcias do orçamento operacional do primeiro ano do plano estratégico quinquenal. Tudo está se tornando incremental.

A maioria de nós já enfrentou situações similares e, como mostra nossa pesquisa, confirmando o que sempre pressentimos, o incrementalismo não leva as empresas muito longe. Na verdade, movimentos graduais aumentam o risco de baixo desempenho.

148 ALÉM DAS PROJEÇÕES HOCKEY STICK

Para mantermos a devida distância do incrementalismo e foco no que realmente importa, descreveremos neste capítulo as cinco grandes mudanças que têm, de longe, o papel mais significativo na determinação de sua probabilidade de sucesso. A lista é curta, permitindo que você mantenha a conversa na sala de estratégia focada neles, deixando para trás todas as aflições da página 37 e dando a si mesmo uma chance de sucesso verdadeiro.

Você começa com seu *endowment* — o que lhe foi dado e do que você pode dispor, conforme seu tamanho, seu grau de endividamento e seu investimento em P&D. Além disso, você também opera dentro do contexto das tendências, que, em grande parte, estão igualmente fora de seu controle no início, mas que você pode influenciar ajustando a alocação de recursos para aproveitar as oportunidades. Mas são as mudanças que fazem tudo acontecer. E você tem mais controle sobre elas, afinal, são coisas que você mesmo faz. É por meio de mudanças que você põe em prática o que prega e, coletivamente, são o fator mais determinante de sucesso. Isso é empoderador.

Assim, examinaremos as cinco grandes mudanças que delineamos antes: fusões, aquisições e desinvestimentos programáticos; realocação de recursos; despesas de capital; melhoria da produtividade; e melhoria da diferenciação. Todo CEO tem todas ou a maioria delas em sua lista de coisas a fazer. Quem não está interessado em melhorar a produtividade ou em investir em oportunidades de crescimento?

Entretanto, tenha sempre em mente que as cinco mudanças:

- Importam, pois **preveem o sucesso** melhor do que quaisquer outras.

- **Precisam ser empreendidas com vigor** suficiente para fazer a diferença em suas chances de ascender a Curva de Potência.

- São mais **eficazes quando combinadas** e quanto mais insuficiente for o *endowment* ou piores as tendências, mais mudanças você terá de fazer.

O que surpreende a maioria dos líderes empresariais com quem conversamos é *quão grande* uma grande mudança realmente precisa ser. Ao longo de muitas décadas aconselhando e interagindo com líderes empresariais em todo o mundo, frequentemente vimos equipes começarem com grandes ambições apenas para vê-las se dissiparem. Por que é tão difícil fazer mudanças capazes de alterar as probabilidades? Como dissemos, só porque uma mudança parece grande, é difícil de pôr em prática ou demanda muitos recursos não significa que seja uma "grande" mudança. É preciso um referencial externo: para ser grande, algo tem de ser grande em comparação com o que o resto do mundo está fazendo. É preciso ter uma visão externa e não ficar preso à interna.

FAZENDO AS MUDANÇAS CERTAS

Grandes mudanças parecem assustadoras. A aversão ao risco é uma característica humana e permeia todas as partes de muitas organizações. Talvez o CEO esteja tentando obter bons resultados no trimestre, em vez de pensar uma década à frente: "Meu legado é importante. Não vou colocá-lo em perigo com esta aquisição." Em outras partes da empresa, os gestores podem não estar dispostos a correr riscos com novas iniciativas, preocupados talvez em não atingir uma meta ambiciosa ou com alguma outra ação que venha a prejudicar sua carreira. Alguns podem temer negligenciar outras prioridades e, por isso, ampliar esforços ou se dispersar demais. Ou, talvez, o fundador/presidente tenha ganho bilhões e simplesmente não quer correr riscos que são, a seu ver, capazes de prejudicar sua fortuna ou *status* social. Você talvez imagine que, uma vez empreendedor, sempre empreendedor, mas este nem sempre é o caso. Vimos mais de um empreendedor de sucesso tornar-se hipercauteloso e impor à equipe uma postura incremental: "Vamos tornar o próximo ano apenas um pouco melhor do que este." Para muitos, o empreendedorismo é ótimo desde que não sejam eles que tenham de pôr sua carreira em jogo.

Em muitas situações, pode acontecer de uns começarem a apontar o dedo para outros. O CEO de uma empresa de produtos de consumo da Índia culpou a linha de frente: "Temos a estratégia certa, mas minha equipe não a executa." Outros dirão que há algo errado com a estratégia, ou com o CEO, ou com ambos. Na maioria das vezes, porém, "causas inusitadas" acabam sendo culpadas pelo fato de a empresa não ascender a Curva de Potência.

"QUEM TEM UM PLANO OUSADO PARA MUDAR O SETOR QUE NÃO ME DEIXARÁ LOUCO DA VIDA?"

Grandes mudanças são essenciais

Solidarizamo-nos com todos esses problemas e reconhecemos nossa humanidade em muitos deles. Contudo, nossa pesquisa constatou que grandes mudanças são essenciais para aumentar as chances de uma empresa ascender a Curva de Potência. Ou seja, não basta entender que, historicamente, grandes mudanças sempre foram difíceis. Temos de escapar das garras do passado e chegar a um lugar onde as mudanças sejam não apenas possíveis, como até mesmo encorajadas.

Felizmente, após abrir as portas da sala de estratégia e trazer para dentro a visão externa, você poderá utilizar esses recursos empíricos e o que aprendemos com eles para mudar o jogo. Não porque sejam mais um conjunto de números, mas porque as estratégias de calibragem e *benchmarking* permitem mudar o diálogo na sala. Você tem argumentos convincentes, baseados em evidências claras, de que as grandes mudanças são importantes.

Como vimos, as empresas nos quintis intermediários da Curva de Potência têm 8% de chance de alcançarem o quintil superior em uma década. Fazer uma ou duas mudanças importantes — isto é, puxar uma ou duas das cinco alavancas com força suficiente para fazer a diferença — mais do que dobra essa probabilidade para 17%. Três grandes mudanças aumentam as chances para 47% — probabilidades irresistíveis, como veremos mais adiante, para empresas como BASF, Konica Minolta e Asahi, que realizaram múltiplas mudanças para escalar a Curva de Potência. E a probabilidade de saltar do quintil intermediário para o topo foi seis vezes maior para empresas que levaram a cabo três ou mais grandes mudanças.

Infelizmente, raras são as empresas que empreendem mais de uma grande mudança. De todas as empresas que começaram no meio da Curva de Potência, cerca de 40% não efetuaram nenhuma durante o período de dez anos. Outras 40% só fizeram uma (veja o Quadro 24). Na verdade, há mais atividade no grupo inferior, o que mostra que o baixo desempenho é um catalisador de transformação.

Em nossa pesquisa, 60 empresas utilizaram quatro ou cinco alavancas no período entre 2000 e 2004 a 2010 e 2014. Dentro desse grupo de 60 empresas, 40 ascenderam e nenhuma decaiu. Pare um segundo para refletir sobre isso. Nem uma única empresa que utilizou quatro ou cinco alavancas desceu na Curva de Potência. Se isso não fizer você pensar, nada fará.

FAZENDO AS MUDANÇAS CERTAS

Quadro 24

Grandes mudanças são raras e valiosas
Somente 23% das empresas intermediárias fizeram duas ou mais grandes mudanças

Grandes mudanças realizadas, 2000–04 a 2010–14

Mudanças	Total, n=879[1]	Empresas intermediárias, 2000-04 n=350[1]	Probabilidade de chegar ao topo, partindo do meio Probabilidades gerais de 15%
0	18.8%	39.1%	8
1	29.6%	38.0%	17
2	29.4%	18.0%	16
3	15.1%	4.2%	40
4	5.8%	0.5%	100
5	1.0%	0%	NA

1 Empresas com dados para 4 das 5 mudanças, pelo menos
Fonte: Corporate Performance Analytics da McKinsey

Das 60 empresas que utilizaram quatro ou cinco alavancas, duas passaram do meio para o topo e 22 deram um impressionante salto do quintil inferior para o superior (veja o Quadro 25).

Esse grupo inclui a fabricante de equipamentos pesados Komatsu, a operadora de hotéis Starwood Hotels, os conglomerados de mídia Disney e 21st Century Fox, a empresa de telecomunicações canadense Telus, os fornecedores de produtos aeroespaciais e de defesa Rolls-Royce Holdings, Precision Castparts Corp. (PCC), Harris Corporation, Raytheon e Northrop Grumman, além de outros nomes bem conhecidos como Japan Airlines, Goodyear e Mitsubishi Electric. O lucro econômico crescente nem sempre é acompanhado de um aumento nas vendas; as margens de lucros da Goodyear, por exemplo, cresceram, embora seu faturamento caísse na segunda metade do período.

Quadro 25

Os grandes empreendedores
24 empresas ascenderam com 4 ou mais grandes mudanças

Nome	Setor	País	Categoria inicial	Categoria final
Agilent Technologies Inc	Ferr. e serv. de Ciências Biológicas	EUA	Inferior	Superior
Bayer AG	Produtos farmacêuticos	Alemanha	Inferior	Superior
BCE Inc	Serviços div. de telecomunicações	Canadá	Inferior	Superior
Citic Ltd	Conglomerados industriais	Hong Kong	Inferior	Superior
Continental AG	Componentes automotivos	Alemanha	Inferior	Superior
Corning Inc	Equip., instrum. e com. eletrônicos	EUA	Inferior	Superior
DirecTV	Mídia	EUA	Inferior	Superior
Disney (Walt) Co	Mídia	EUA	Inferior	Superior
Goodyear Tire & Rubber	Componentes Automáticos	EUA	Inferior	Superior
Halliburton Co	Equipamento e serviços de energia	EUA	Inferior	Superior
Harris Corp	Equipamentos de comunicação	EUA	Intermediária	Superior
Japan Airlines Co Ltd	Linhas aéreas	Japão	Inferior	Superior
Komatsu Ltd	Maquinário	Japão	Inferior	Superior
Mitsubishi Electric Corp	Equipamento elétrico	Japão	Inferior	Superior
Monsanto Co	Produtos químicos	EUA	Inferior	Superior
Northrop Grumman Corp	Aeroespaço e defesa	EUA	Inferior	Superior
Precision Castparts Corp	Aeroespaço e defesa	EUA	Intermediária	Superior
Raytheon Co	Aeroespaço e defesa	EUA	Inferior	Superior
Rogers Communications	Serviços de telecom. sem fio	Canadá	Inferior	Superior
Rolls-Royce Hldgs Plc	Aeroespaço e defesa	Reino Unido	Inferior	Superior
Schlumberger Ltd	Equipamento e serviços de energia	EUA	Inferior	Superior
Starwood Hotels & Resorts	Hotéis, restaurantes e lazer	EUA	Inferior	Superior
Telus Corp	Serviços de telecom. sem fio	Canadá	Inferior	Superior
Twenty-First Century Fox	Mídia	EUA	Inferior	Superior

Fonte: Corporate Performance Analytics da McKinsey

FAZENDO AS MUDANÇAS CERTAS

A Harris, empresa de tecnologia da comunicação, efetuou quatro das cinco grandes mudanças ao longo da década: fusões, aquisições e desinvestimentos programáticos, realocação dinâmica de recursos, melhoria de produtividade em termos de mão de obra e despesas indiretas, e diferenciação com aumento do lucro bruto. Confira o painel de mobilidade dela no Quadro 26. A Harris também se beneficiou de uma megatendência do setor, baixo endividamento e investimento elevado em P&D no passado. Ou seja, ela possui 7 dos 10 atributos da mobilidade, e é por isso que a empresa tinha 80% de probabilidade de ascender do meio para o topo da Curva de Potência. Isso fez com que o retorno total dos acionistas crescesse 13% ao ano (CAGR) ao longo da década.

Quadro 26

O painel de mobilidade da Harris Corp.

Quatro grandes mudanças em um bom setor levaram a Harris ao topo

1 Relativo ao setor

Fonte: Strategy Practice (Beating the Odds model v.18.3) e Corporate Performance Analytics da McKinsey

A história da Corning

A Corning puxou todas as cinco alavancas ao longo do período de dez anos e saltou do quintil inferior para o superior. Sua produtividade de vendas aumentou 80%, o lucro bruto cresceu 14% e o quociente SG&A[1]/vendas caiu 30%. A Corning incorreu em US$14 bilhões de despesas de capital e obteve um saldo de US$3,2 bilhões com aquisições (12 aquisições e 9 desinvestimentos). Apesar de ter começado no quintil inferior, a empresa deu a si mesma 78% de chance de alcançar no mínimo um quintil intermediário e 49% de chegar ao quintil superior.

O lucro econômico anual médio da Corning cresceu cerca de US$1,7 bilhão. E, o que é mais importante, 90% dessa melhoria pôde ser atribuído à própria empresa — não ao mercado, não ao setor — e às suas mudanças.

O fascinante na história da Corning não são apenas os números. A empresa tem uma longa e orgulhosa história — foi ela que produziu o vidro da lâmpada de Thomas Edison, as janelas dos módulos lunares das missões Apollo e o primeiro cabo de fibra ótica — e enfrentou desafios inéditos no início dos anos 2000. Ela havia investido maciçamente em telecomunicações e foi duramente atingida pelo estouro da bolha das empresas ponto com. Sua receita caiu pela metade, os lucros se transformaram em grandes prejuízos e o preço de suas ações despencou 99% entre setembro de 2000 e outubro de 2002.

A abordagem de recuperação da Corning foi buscar um equilíbrio entre reduzir o portfólio e examinar a base de custos, mantendo os investimentos em P&D e o crescimento de longo prazo — este último bastante dificultado pela pressão de acionistas preocupados com resultados de curto prazo. Seja como for, a Corning produziu uma extraordinária reviravolta baseada em grandes mudanças.

Segue uma visão detalhada de nossas cinco grandes mudanças e por que são tão importantes, com alguns exemplos ao longo do caminho.

Fusões, aquisições e desinvestimentos programáticos

O mito de que 75% de todas as fusões fracassam já foi refutado há muito tempo. Baseava-se em uma estatística relacionada ao chamado "efeito do dia do anúncio", que não chegava a capturar a criação de valor corporativo (para não falar que muitos negócios menores não são anunciados, mas, cumulativamente, importam muito). Fusões e aquisições atuam como uma alavanca de crescimento, mas o sucesso depende muito do tipo de programa que uma empresa executa.[1]

---

1 Despesas de vendas, gerais e administrativas (N. do T.).

FAZENDO AS MUDANÇAS CERTAS

O caminho mais promissor são as fusões e aquisições programáticas. Nossa pesquisa constatou que empresas mais bem-sucedidas nessa esfera realizam, em média, pelo menos uma fusão ou aquisição por ano, seguindo um programa que cumulativamente equivale a mais de 30% de sua capitalização de mercado em dez anos, sendo que nenhum negócio representa mais de 30% da capitalização de mercado. As empresas que seguem esse estilo de fusão e aquisição ultrapassaram o limiar e realizam mudanças importantes.

Essas constatações fazem sentido, considerando que fusões e aquisições exigem maestria nessas operações, adquirida com repetidas transações. Fusões e aquisições exigem um conjunto de capacidades que vão sendo construídas ao longo do tempo e por meio da prática. Empresas que realizam fusões e aquisições programáticas ao longo de anos, muitas vezes ao longo de décadas, tornam-se verdadeiras mestras na arte de identificar, negociar e integrar aquisições.

Empresas que realizam poucas transações desse tipo têm mais dificuldades para fazê-las bem. A prática leva à perfeição, como diz o ditado. Nossa pesquisa mostrou que fusões e aquisições de grande porte e pouco frequentes tendem a prejudicar a criação de valor.

A Corning mostra bem como isso é valioso. Ela busca manter sempre um robusto *pipeline* de fusões e aquisições 5 a 10 vezes superior à sua meta anual de aumentar as receitas por meio de aquisições. A Corning entende que três transações por ano implicam *due diligence* de 20 empresas e a apresentação de cinco propostas.

A Axel Springer e a WPP também mostram o valor das fusões e aquisições programáticas, como descrevemos em detalhes na seção sobre a importância de reconhecer e agir com base nas tendências.

A Axel Springer, a gigantesca editora alemã, realizou uma mudança decisiva ao passar da mídia impressa para a digital com 67 aquisições, a maioria de pequeno porte, entre 2006 e 2012, ao mesmo tempo em que lançava organicamente 90 publicações e se desfazia de oito outras. A abordagem disciplinada da empresa reposicionou-a com solidez na era digital e fez com que o retorno total dos acionistas crescesse 10% ao ano (CAGR) ao longo da década.

A potência global de marketing WPP, embora tenha perdido um pouco de *momentum* no instante em que escrevemos este livro, é um forte exemplo de fusões e aquisições programáticas. No início, depois que a WPP deixou de lado a produção industrial em prol dos serviços de *marketing*, importantes aquisições foram a maneira mais rápida de adquirir tamanho em seu novo setor. A WPP adquiriu a JWT por US$566 milhões em 1987 e a Ogilvy por US$864 milhões em 1989, aquisições grandes o suficiente para que a empresa admitisse ter distendido seu balanço e enfrentado riscos financeiros. No entanto, desde então, a WPP vem realizando fusões e aquisições, que se tornaram um de seus componentes mais fortes. Durante os dez anos de nossa amostra, a WPP efetuou 271 aquisições (mais de uma por quinzena), 60% a mais do que a segunda maior adquirente, a Alphabet Inc. A WPP iniciou o período no meio da Curva de Potência, com lucro econômico médio de US$8 milhões, mas terminou com respeitáveis US$677 milhões, suficiente para colocá-la no quintil superior. O retorno total dos acionistas da empresa cresceu 11% ao ano (CAGR) ao longo da década.

Repetidas fusões e aquisições irão ajudar você a superar a maldição da introspecção. Também contribuirão para fortalecer as capacidades de sua empresa. Os programas de fusões, aquisições e integração pós-fusão não são talentos inatos; são uma maestria que se adquire pela constante repetição.

Realocação ativa de recursos

Manteiga de amendoim pode ser saborosa em um sanduíche, mas não tratamos aqui de paladar. O modo uniforme como passamos manteiga de amendoim no pão não serve para alocar recursos — capital, despesas operacionais e talento — às melhores oportunidades de crescimento da empresa. Espalhar recursos uniformemente é receita certa para oferecer demais a unidades que nunca realizarão — ou não podem realizar — uma mudança significativa, e ao mesmo tempo priva aquelas uma ou duas unidades que teriam condições de promover grandes oportunidades. O lado social da estratégia transforma as tendências em uniformidades e provoca inércia em frente a essas decisões de alocação.

"Com as devidas alocações orçamentárias, vocês poderão ver nosso lucro econômico do espaço."

FAZENDO AS MUDANÇAS CERTAS

157

A realocação necessária não significa apenas uma movimentação entre setores, regiões, segmentos operacionais, unidades de negócio, projetos, produtos ou grupos de clientes — ela envolve *tudo* isso. Romper a inércia, liberar recursos de unidades de baixo desempenho e transferi-los para unidades melhor desempenho cria valor em todos os níveis, não importa como sejam definidas essas unidades. O problema, é claro, em um mundo de recursos finitos, é que realocar recursos para uma inevitavelmente implica retirar recursos de outra e é por aí que atrito e inércia se infiltram.

Aqui está um fato que tocará de perto o coração de todo CEO: num momento em que a duração média do mandato dos CEOs vem caindo a olhos vistos, aqueles que, em seus primeiros anos, conseguem realocar recursos agressivamente para novos espaços de crescimento tendem a manter o emprego por mais tempo do que seus colegas mais relutantes.[2]

A realocação dinâmica cria valor. As análises são inequívocas. Empresas que transferem mais de 50% de suas despesas de capital entre unidades de negócio ao longo de dez anos criam 50% mais valor nesse período do que aquelas que movimentam recursos em ritmo mais lento. Entretanto, minitransferências não bastam. Você tem de superar o limiar de 50% para, de fato, impulsionar suas chances de alcançar o quintil superior.

A Reckitt Benckiser, a fabricante britânica de produtos de consumo, empreendeu uma grande mudança quando decidiu rearticular as prioridades e, no espaço de duas semanas, multiplicou por 2,5 os recursos alocados a uma área promissora. Na Virgin, Richard Branson é um modelo de realocação de recursos, o que não o impediu de construir uma fortuna pessoal de cerca de US$5 bilhões. Ele começou com lojas de discos, avançou para a indústria fonográfica, depois para companhias aéreas — o Virgin Group hoje controla mais de 400 empresas e continua sua implacável realocação de recursos para oportunidades promissoras nas áreas de combustíveis renováveis, serviços de saúde e até viagens espaciais e o *hyperloop* de Elon Musk.

Muito antes de concordar em vender ativos avaliados em US$52,4 bilhões para a Disney no final de 2017, a 21st Century Fox migrou sua alocação de recursos de modo a acompanhar a evolução dos hábitos de consumo de mídia. Afastou-se da mídia impressa tradicional e concentrou-se na produção e transmissão de conteúdos filmados. Em 2001, 50% da receita operacional da News Corp. vinha da mídia impressa e apenas 6% da sua rede de TV a cabo; depois de se desfazer de seus negócios impressos e concluir seu *rebranding*, dois terços da receita operacional da 21st Century Fox passaram a vir da TV a cabo e zero de mídias impressas. O retorno total aos acionistas cresceu 10% ao ano (CAGR) ao longo da década.

Quando Frans van Houten tornou-se CEO da Philips em 2011, a empresa começou a se desfazer de ativos antigos, incluindo seus negócios de TV e áudio. Após a reestruturação de seu portfólio, a Philips conseguiu revigorar seu motor de crescimento, realocando recursos para regiões e negócios mais promissores (higiene bucal e saúde foram duas prioridades). Por exemplo, a Philips começou a gerenciar o desempenho e as alocações de recursos no âmbito de mais de 340 combinações de negócios/mercados, como escovas de dente elétricas na China e aparelhos de assistência respiratória na Alemanha. Isso acelerou seu crescimento e fez com que, em 5 anos, o negócio de produtos de consumo deixasse de ser o segmento de pior desempenho e se tornasse o de melhor desempenho.

A Danaher praticou a realocação dinâmica de recursos durante toda a sua longa história e, desse modo, inovou continuamente. Originalmente um fundo de investimentos imobiliários, a Danaher hoje possui amplo portfólio de empresas de ciência, tecnologia e manufatura nas áreas de ciências da vida, diagnóstico, soluções ambientais e aplicadas, e odontologia (embora esses segmentos sejam periodicamente ajustados e revisados para evitar inércia na alocação).

A Danaher assegurou que sua estrutura e processos criassem liquidez de recursos para buscar as melhores oportunidades a qualquer momento. À maneira de uma firma de *private equity*, a equipe gestora dedica metade de seu tempo à realocação de recursos, incluindo oportunidades de fusões e aquisições, investimentos orgânicos e desinvestimentos. Um processo fundamental que está por trás do sucesso da empresa é o Danaher Business System (DBS), baseado nos conceitos de *lean manufacturing* e na filosofia Kaizen de melhoria contínua. O DBS é utilizado para identificar as melhores oportunidades de investimento, promover melhorias operacionais que liberem recursos e criar capacidades de nível internacional nas empresas adquiridas pela Danaher.[3]

A Danaher manteve-se no quintil superior ao longo de toda a nossa pesquisa, mas mudanças importantes, como realocação dinâmica de recursos, diferenciação do modelo de negócio e fusões e aquisições programáticas, elevaram seu lucro econômico em US$512 milhões adicionais, colocando-a numa posição ainda mais alta na Curva de Potência. O retorno total dos acionistas cresceu 12% ao ano (CAGR) ao longo da década.

O Quadro 27 mostra a agressividade com que a Danaher realocou capital.

FAZENDO AS MUDANÇAS CERTAS

Quadro 27

Realocação dinâmica de recursos da Danaher
A Danaher transferiu despesas de capital agressivamente para novas áreas

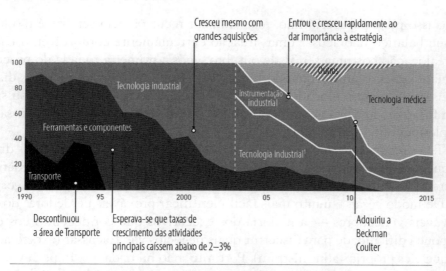

1 Em 2003, o segmento foi dividido em Tecnologia Industrial e Instrumentação Industrial.
Fonte: Relatórios anuais da Compusat

A realocação não se limita apenas a despesas de capital entre segmentos; a realocação em cada segmento também é importante, assim como a realocação das despesas operacionais. Certo conglomerado industrial diversificado da América do Norte esmiuçou, em cada linha de produtos, os gastos com P&D e vendas em vários segmentos de mercado nos Estados Unidos. Para tanto, utilizou um processo analítico para encontrar produtos que poderiam ser classificados como "preserváveis", isto é, produtos lucrativos, ainda que não necessariamente os mais atraentes, para os quais a meta principal era preservar a lucratividade atual e não buscar o crescimento. O processo utilizava vários filtros para encontrar tais produtos: O produto diminuía os lucros ou o crescimento? O mercado era atraente? A empresa tinha vantagem estratégica nesse mercado? O produto era sólido o bastante para liberar um volume significativo de recursos? Era suficientemente independente do restante do portfólio (de modo a minimizar o impacto negativo de uma redução dos recursos alocados)? A empresa descobriu que 15 de seus 80 produtos eram preserváveis e, com isso, identificou US$35 a US$45 milhões em gastos de P&D e vendas que poderiam ser liberados e realocados, representando aproximadamente 10% dos recursos alocados à divisão.

Para realocar é preciso desalocar

Tudo isso pode parecer ótimo, mas realocar recursos nem sempre é tão fácil. Se seu balanço não acusar uma situação extremamente confortável, o Dia D da realocação costuma ser 31 de outubro, após a primeira rodada do processo de planejamento anual, quando fica evidente que não haverá recursos disponíveis para serem realocados. Você também poderá ter problemas caso surja uma fusão ou aquisição com importância estratégica e os recursos necessários simplesmente não existirem.

Tirar recursos de uma unidade no calor do momento é muito mais difícil do que distribuir recursos, de modo que é preciso planejar com antecedência. Corte recursos em janeiro para ter flexibilidade para distribuí-los em agosto.

De modo geral, é muito mais fácil identificar prováveis perdedores do que prováveis vencedores — a maioria dos executivos que conhecemos costuma ter pouca dificuldade para discernir quais negócios vão fracassar (exceto aqueles que eles próprios administram). Portanto, não há nada que impeça você de cortar custos em algumas unidades, nem de levantar capital ou vender ativos ou empreendimentos para acumular recursos.

O lado social da estratégia enrijece as alocações de recursos. A inércia exerce um grande papel, assim como os silos organizacionais. Não costumamos analisar todos os nossos recursos em seus respectivos contextos para determinar como podem ser compartilhados ou movidos. A visão interna vai se tornando cada vez mais limitante à medida que se desce pela estrutura da empresa.

Programas robustos de capital

A terceira grande mudança é expandir mais depressa do que o setor. Utilizar a alavanca das despesas de capital torna-se uma grande mudança quando o quociente despesas de capital/vendas exceder 1,7 vez a mediana do setor durante pelo menos dez anos.

Programas de capital bem-sucedidos gerenciam um *pipeline*: asseguram que você não investirá apenas em opções que são sabidamente "sucesso garantido"; garantem que você investirá em algumas opções mais arriscadas de médio

FAZENDO AS MUDANÇAS CERTAS

prazo para a empresa e em algumas opções de maior risco e de prazo mais longo; e garantem que seu *pipeline* de investimentos esteja cheio.

A TSMC, fabricante de semicondutores de Taiwan, teve sucesso tornando-se anticíclica quando a bolha da internet estourou e a demanda por semicondutores despencou. A TSMC comprou equipamentos críticos para sua missão no auge da crise e estava pronta para atender a demanda tão logo esta retornasse. A empresa competia de igual para igual antes da crise, mas distanciou-se dos concorrentes quando a crise terminou graças a uma estratégia de investir durante todo o ciclo. Com isso, lançou os alicerces de sua liderança tecnológica em anos subsequentes, tornando-se uma das maiores e mais bem-sucedidas produtoras especializadas de semicondutores do mundo. O retorno total dos acionistas cresceu 15% ao ano (CAGR) ao longo da década.

A Canadian National Railway (CN) ascendeu para o quintil superior com um intenso programa de despesas de capital. Entre 2005 e 2014, a CN investiu mais de 17 bilhões de dólares canadenses em despesas de capital, impressionantes 85% da sua base de capital em 2004. Ferrovias são um empreendimento de capital intensivo e a CN dedicou mais da metade dos investimentos à infraestrutura das vias. Todavia, não se limitou a ampliar a malha ferroviária; a quilometragem da rede da CN praticamente não mudou ao longo da década. Não, a maior parte das despesas de capital nas vias foi destinada a reparos, manutenção e atualizações que ampliaram a capacidade e melhoraram a eficiência operacional da rede (por exemplo, construção de desvios mais longos para trens mais longos). O programa foi associado a um aumento de 18% ao ano (CAGR) do retorno total dos acionistas durante a década, fazendo com que a ex-estatal se tornasse uma das mais bem-sucedidas privatizações de todos os tempos.

Para a Fortescue Metals, a oportunidade foi a construção de minas em Pilbara, bancada pelo preço do minério de ferro, o que permitiu que se tornasse uma grande força global da mineração a partir do zero. Para a Patrick Stevedores, a oportunidade foi a substituição de mão de obra por automação, que aumentou o rendimento, reduziu custos, aumentou a segurança e reconquistou algum poder de barganha com os sindicatos.

Evidentemente, é preciso haver muita disciplina e processos robustos de investimento. Se um projeto não gerar retornos no mínimo equivalentes ao custo do capital, estará destruindo valor para os acionistas. Novamente, este é um dos motivos pelos quais adotamos o lucro econômico, após deduzidos os encargos do capital, como nosso parâmetro de desempenho financeiro ao longo da Curva de Potência.

Prudência nas despesas de capital

Despesas de capital, por si só, não tornam uma estratégia bem-sucedida. Capacidade adicional é apenas capacidade ociosa se não houver uma demanda subjacente. As despesas de capital podem ser positivas ou negativas, dependendo de estarem baseadas ou não em ativos ou *insights* privilegiados. E nisto diferem das outras grandes mudanças que são claramente assimétricas, aumentando a probabilidade de subir ao mesmo tempo em que diminuem o risco de cair. As despesas de capital funcionam mais como um amplificador, impelindo a empresa mais rapidamente em qualquer direção.

A história da Santos é uma lição. A companhia de gás australiana, cujos contratos tendem a estar vinculados ao petróleo, utilizou fortemente a alavanca das despesas de capital e investiu maciçamente entre 2011 e 2014, desenvolvendo novos projetos e expandindo seus ativos existentes na bacia de Cooper. O preço do petróleo bruto se recuperara desde a crise financeira e encontrara certa estabilidade relativa entre US$100 e US$120 o barril. Nesses quatro anos, a Santos investiu cerca de US$10 bilhões em despesas de capital, quantia que, enquanto os projetos não se tornavam operacionais, revelou-se extremamente dispendiosa e um forte empecilho ao lucro econômico. Com isso, a Santos deslizou para o quintil inferior da Curva de Potência durante seu período de investimento. Talvez isso não houvesse sido um problema, pois grandes projetos levam tempo para começar a dar frutos, mas em 2015 o preço do petróleo caiu 50% e ainda não se recuperou. Não chega a surpreender, portanto, que a Santos venha enfrentando enormes desafios para resolver problemas subsequentes de fluxo de caixa.

Nítida melhoria da produtividade

Os programas de produtividade são os favoritos dos gestores. De modo geral, ficam sob controle gerencial, como uma alavanca que pode ser utilizada com relativa certeza. Empresas como a Toyota fizeram sua fortuna graças a vantagens decorrentes da produtividade. No entanto, como todas as empresas executam programas similares, será que eles realmente contribuem para mover o ponteiro para cima ou apenas permitem acompanhar o ritmo do setor?

Os programas de produtividade só fazem uma diferença real quando certo limiar elevado é ultrapassado: é preciso melhorar a produtividade 25% a mais que a mediana do setor ao longo de um período de dez anos. Se a produtividade do setor como um todo aumenta 2% ao ano, o programa de sua empresa precisará aumentá-la repetidamente acima de 2,5% ao ano. Não parece muito à primeira vista, mas pouquíssimas empresas conseguem ter um desempenho 25% superior ao do restante do setor, ano após ano, ao longo de uma década.

Utilizar essa alavanca geralmente exige meios e esforços extraordinários. Em nossa experiência, metodologias como Seis Sigma, *lean* e outras contribuíram enormemente nas últimas décadas para melhorias fantásticas da produtividade.[4] No entanto, ainda mais importante do que a metodologia, é o programa de produtividade em si. Os verdadeiros diferenciais são as capacidades de fazer com que a organização inteira impulsione continuamente a produtividade ao longo do tempo e de capturar o seu impacto sobre os lucros. O excepcional sucesso da Toyota se deve, acima de tudo, ao fato de ela ter enraizado e reforçado constantemente uma cultura de melhoria contínua da produtividade na empresa inteira.

"SUA ALAVANCA DE DESEMPENHO PARECE ESTAR EMPERRADA."

Correndo e chegando a lugar nenhum

Contudo, o que nos impressiona é que muitas empresas sentem que, apesar de estarem correndo bem depressa, não estão chegando a lugar algum — ao menos no que diz respeito aos concorrentes. Com frequência, todo o trabalho árduo para aumentar a produtividade é dissipado na precificação ou, ainda pior, se perde quando outras partes da organização absorvem os ganhos — o temido "efeito da salsicha alemã": você aperta uma extremidade e toda a gordura fica espremida na outra.

164 ALÉM DAS PROJEÇÕES HOCKEY STICK

As empresas automotivas investiram pesado para encurtar o ciclo de vida dos modelos — de 12 anos para 7, para 5 — e para acelerar as taxas de "atualização". Entretanto, todas fizeram o mesmo, de modo que ninguém obteve uma vantagem sustentável. A Intel e a AMD entraram em uma batalha para aumentar produtividade dos chips nos anos 1990 e gastaram bilhões, mas permaneceram basicamente equiparadas. O fenômeno lembra a corrida armamentista entre Estados Unidos e a antiga União Soviética, em que ambos os países incrementaram suas armas em ritmo frenético, mas nenhum sagrou-se vencedor (pelo menos até meados da década de 1980, quando Reagan passou a gastar muito mais que os soviéticos e acabou desbancando-os).

A Hasbro, empresa global de brinquedos e entretenimento, alcançou o quintil superior da Curva de Potência com uma mudança significativa de produtividade. A empresa enfrentava desafios para gerenciar um portfólio complexo de negócios utilizando uma grande rede de fornecedores terceirizados globais. As ineficiências surgiram em processos de mão de obra intensiva ou provocadas por atrasos na comunicação entre fusos horários, e tornaram-se insustentáveis quando as tendências do setor acometeram a empresa. O desempenho financeiro da Hasbro chegou ao fundo do poço, com prejuízo operacional de US$104 milhões decorrente de uma forte queda nas receitas de brinquedos. A Hasbro embarcou em um *turnaround*, que pretendia transformá-la numa versão menor, mas mais lucrativa, de si mesma, com foco nas suas marcas principais, como Transformers, Tonka, Play-Doh e Monopoly.[5]

Na década seguinte, a Hasbro consolidou unidades de negócio e locais, investiu no processamento automatizado e no autoatendimento do cliente, reduziu o número de funcionários e desfez-se de unidades de negócio deficitárias. Como proporção das vendas, as despesas de vendas, gerais e administrativas (SG&A) caíram de uma média de 42% no início do período de pesquisa para 29% dez anos depois. A produtividade de vendas também aumentou muito. Ao longo da década da pesquisa, embora eliminasse mais de um quarto de sua força de trabalho, a receita total da Hasbro aumentou 33% (auxiliada pelo vitorioso lançamento da franquia dos filmes *Transformers*, uma iniciativa liderada pelo CEO Brian Goldner, que ingressou na empresa em 2000 para assumir o combalido segmento de brinquedos nos Estados Unidos). O retorno total dos acionistas da Hasbro cresceu 15% ao ano (CAGR) ao longo da década.

A BASF SE, fabricante alemã de produtos químicos, avançou do meio para o topo da Curva de Potência com a ajuda de um bom *endowment* e de tendências positivas, mas soube capitalizar essa posição inicial vantajosa com três grandes mudanças: fusões e aquisições programáticas, realocação de recursos

FAZENDO AS MUDANÇAS CERTAS   165

e, acima de tudo, melhoria tanto dos custos indiretos como quanto da produtividade de vendas. As mudanças contribuíram para que o retorno total dos acionistas aumentasse 17% ao ano (CAGR) ao longo da década.

A BASF dedica muita atenção ao retorno do capital. Quando o presidente do Conselho, Jürgen Hambrecht, assumiu em 2004, obter um "ágio sobre nosso custo de capital" foi o primeiro ponto de seu plano estratégico decenal. Alcançar isso significava tornar as operações tão eficientes quanto possível e agir com prudência no investimento de novo capital.

A BASF viu a produtividade como uma maneira necessária de "fortalecer sua competitividade"[6] e suas melhorias de produtividade foram particularmente notáveis quando comparadas com as de seus pares na indústria química. Ao longo da década, a BASF reduziu o quociente SG&A/vendas em 40%, enquanto a redução mediana do setor foi de 25%. A BASF também aumentou a produtividade de vendas em 110% enquanto a média do setor foi de 70%. Nos termos da visão interna, a maioria dos gestores ficaria entusiasmada com uma redução de 25% dos custos indiretos e um aumento de 70% da produtividade de vendas; entretanto, nos termos da visão externa, com tais porcentagens você estará apenas acompanhando os demais. Na indústria química, você tem de se sair ainda melhor para que o aumento da produtividade seja uma mudança capaz de criar vantagem competitiva.

Como a BASF conseguiu? A história tem dois elementos principais: gestão impiedosa do desempenho com foco no retorno do capital e participação nas tendências globais de crescimento da demanda e de consolidação do setor.

A BASF acredita que seu princípio *Verbund* é fundamental para alcançar uma produtividade de nível internacional. *Verbund* — literalmente, "combinação" — origina-se nas fábricas emblemáticas da empresa, capazes de produzir uma gama diversificada de produtos acabados, flexibilizando sua capacidade e permitindo o uso combinado de insumos. Hoje a BASF tem seis fábricas desse tipo — duas na Europa, duas na América do Norte e duas na Ásia —, mas o conceito de *Verbund* permeia a empresa inteira, não apenas seus processos de produção, criando uma cultura de cooperação, compartilhamento de conhecimento, inovação e eficiência operacional. *Verbund* promove o consumo mais eficiente dos recursos, seja em termos de capital, despesas operacionais ou número de funcionários.

A produtividade é importante, ainda mais quando comparada a outras grandes mudanças, quando a empresa já está no quintil superior da Curva de Potência. Estruturar e lançar um programa de produtividade eficaz e duradouro não é fácil, mas em uma era de *machine learning* e inteligência artificial, novas ferramentas para acelerar tais programas estão se tornando cada vez mais comuns. Melhorias radicais e outrora impensáveis de desempenho, como aumentar em até 30% a produtividade das equipes de engenharia de P&D em 24 meses, estão hoje ao alcance de todos.[7]

Melhoria da diferenciação

A quinta grande mudança abrange alguns dos aspectos mais interessantes do fortalecimento da competitividade: a inovação em produtos, serviços e até modelos de negócio. O aumento da diferenciação também abrange ganhos de participação de mercado (um tópico comum de conversas) e precificação, algo que, apesar de admitidamente não ser tão *sexy* como a inovação, não deixa de ser uma grande alavanca para obter melhorias relativas de desempenho.

A diferenciação, expressa aqui na comparação entre o lucro bruto médio da empresa e o de seu setor, é uma maneira de resumir exatamente o quanto os clientes valorizam seus produtos e serviços em relação aos de seus concorrentes. Graças ao nosso conjunto de dados, agora sabemos quanta diferenciação é necessária para causar impacto: 30%. O lucro bruto médio da empresa precisa exceder em 30% o lucro bruto do setor ao longo de uma década para aumentar perceptivelmente suas chances de ascender a Curva de Potência.

A emissora alemã ProSiebenSat.1, mediante uma série de inovações, conseguiu avançar para o quintil superior da Curva de Potência adaptando seu modelo para a nova era da mídia. Uma das estratégias da ProSieben foi abrir sua base de clientes contatáveis mediante uma oferta de "mídia por ações" para clientes cujo negócio pudesse se beneficiar significativamente com as mídias de massa, mas que não tinham como pagar em dinheiro. Algumas das inovações da ProSieben foram dispendiosas, chegando às vezes a canibalizar negócios existentes. Entretanto, convicta de que o setor iria mudar de qualquer maneira, a empresa decidiu que experimentar mudanças era, acima de tudo, uma questão de sobrevivência; a lucratividade vinha em segundo lugar. O lucro bruto da ProSieben aumentou de 16% para 53% durante o período de nossa pesquisa.

A SanDisk, fabricante de cartões de memória, investiu pesado em inovação e, no final, melhorou seu lucro bruto, aumentando o retorno total dos acionistas em 13% ao ano (CAGR) ao longo da década. Ciente de que era uma empresa forte em um bom mercado, a SanDisk superou o setor em despesas de capital, reduzindo o tamanho dos circuitos, diminuindo os custos de fabricação e aumentando a produção. A SanDisk manteve seus preços *premium* no

FAZENDO AS MUDANÇAS CERTAS

mercado e investiu maciçamente em promoção comercial e na Equipe SanDisk Extreme, uma rede pública de fotógrafos especializados e a peça central de sua presença ativa e permanente nas mídias sociais. Ao longo de dez anos, a SanDisk aumentou seu lucro bruto de 40% para 48%, enquanto o do setor como um todo sofreu uma modesta retração. Graças também a tendências positivas do setor, a SanDisk obteve lucro econômico médio de US$945 milhões no final do período, subindo para o quintil superior da Curva de Potência.

No início do período de nossa pesquisa, a Burberry, casa de moda de luxo do Reino Unido, passava por uma espécie de crise de identidade e seu elitismo estava ameaçado:

> No início dos anos 2000, a inequívoca estampa caramelo xadrez da empresa havia se tornado o uniforme dos "chavs", os típicos delinquentes brancos de origem humilde que estão sempre procurando problema. Seguranças de boates e motoristas de táxi aprenderam a manter à distância qualquer jovem que usasse bonés ou jaquetas da Burberry. [...] A reputação elitista da marca parecia irremediavelmente comprometida.[8]

A defesa da empresa contra esse aparente desvirtuamento de sua marca incluiu integração vertical no canal de varejo. A Burberry aumentou agressivamente sua presença no varejo com lojas da marca Burberry, concessões em lojas de departamentos e pontos de venda. De apenas 145 lojas que contribuíam com 38% da receita do grupo em 2004, a empresa foi ampliada para 497 lojas, fora o comércio digital, que contribuíram com 70% da receita uma década depois.

O canal de varejo deu à Burberry mais controle sobre a maneira como os clientes interagem com a marca e hoje a empresa controla tudo: do modo como os vendedores cumprimentam os clientes e o treinamento que recebem ao ambiente e aspecto visual das lojas, à consistência entre lojas, plataformas digitais e *marketing* direto. Essa forte combinação varejista impulsionou o lucro bruto, reduziu os gastos com comissões de intermediários no varejo e aumentou o poder de negociação com clientes atacadistas ao tornar a marca menos dependente desse canal. Não é por acaso que, entre as empresas varejistas da Curva de Potência, aquelas com modelo de integração vertical e marcas *premium* (e também aquelas que oferecem descontos brutais) têm muito mais chances de saltar para um quintil superior do que os modelos agregadores tradicionais de médio porte.

A Burberry também aspirava liderar a inovação no varejo com meios digitais. Desde 2006, com a nomeação da CEO Angela Ahrendts, a visão da Burberry tem sido aspirar a ser a "primeira empresa totalmente digital". As mídias sociais são hoje cruciais para o relacionamento da marca com os consumidores modernos e o número de seguidores da empresa ultrapassa 40 milhões em várias plataformas. A Burberry almeja uma interação perfeita entre as presenças física e digital da marca. Por exemplo, sua principal loja na Regent Street de Londres possui espelhos digitais interativos que reagem a etiquetas RFID embutidas nos produtos. O ponto de venda passou do caixa para o sofá, onde os compradores podem usar tecnologias de pagamento digital como o Apple Pay. Os desfiles da Burberry são transmitidos ao vivo em 3D via *streaming* e as aberturas de lojas tornaram-se verdadeiras vitrines digitais de vanguarda; em 2014, na abertura da loja Burberry em Xangai, uma parceria com o WeChat permitiu que os assinantes mergulhassem num ambiente em 360 graus de moda, música e dança. Este, é claro, é também um exemplo brilhante de realocação estratégica de capital.

Além disso, a Burberry alavancou a marca com linhas de produtos adjacentes. Em 2004, acessórios e vestuário infantil contribuíram com apenas 30% da receita; em 2014, essas categorias haviam crescido para 40% da receita de vendas. A Burberry também lançou com sucesso uma linha de produtos de beleza com alta margem de lucro, que gerou 7% da receita.

Com uma combinação maior no varejo e novas linhas de produtos de lucros maiores, bem como investimentos na cadeia de suprimentos para atender às necessidades digitais e manter baixos os custos de fornecimento, o lucro bruto da Burberry aumentou de 59% no início de nossa pesquisa para 76% no final. O lucro econômico cresceu de US$92 milhões para US$435 milhões, colocando-a merecidamente no quintil superior da Curva de Potência. O retorno total dos acionistas cresceu a uma taxa de 17% ao ano (CAGR) ao longo da década.

Grande parte do que entra na diferenciação é de difícil execução. Não é fácil encontrar todos os nichos em que você pode se destacar. A inovação deixa muitos atônitos. Por exemplo, mesmo que se consiga detectar tendências na tecnologia que poderiam beneficiar a empresa, trazê-las para dentro da organização é muito mais fácil na teoria do que na prática.

A diferenciação exige reflexões de longo prazo, o que é difícil quando se está atravancado pela rotina dos ganhos trimestrais. Não cortamos as verbas de P&D para não estourar o orçamento deste ano? Uma análise fascinante sobre o impacto da propriedade privada mostra que empresas de capital fechado investem aproximadamente duas vezes mais do que empresas de capital aberto similares. Participar do jogo dos ganhos trimestrais é receita certa para criar uma mentalidade de curto prazo.[9] Não lançamos um produto prematuro, sacrificando um pouco do lucro a fim de garantir que tivéssemos boas notícias para o mercado? É difícil imaginar uma área do repertório das mudanças estratégicas que seja mais prontamente sacrificada em prol de ganhos imediatistas do que a alavanca da diferenciação.

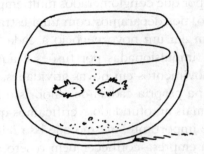

"EU JÁ TIVE UM PLANO DE LONGO PRAZO, MAS NÃO CONSIGO ME LEMBRAR QUAL ERA."

Você está jogando a seu favor?

É aqui que os objetivos de gestão, os incentivos e o interesse de longo prazo dos acionistas costumam colidir. Quando utilizamos os "Dez testes atemporais da estratégia"[10] para verificar a qualidade de uma estratégia, muitas vezes é o teste nº 2 que leva às discussões mais acaloradas e reveladoras: "Sua estratégia aproveita sua verdadeira fonte de vantagem competitiva?" Em outras palavras, ela "fortalece a diferenciação"?

Isso pode ser desmembrado em duas perguntas.

A primeira: Você entende qual é a fonte de sua vantagem competitiva? Sabe como o dinheiro entra hoje? Estas perguntas revelam-se incrivelmente interessantes. Se fizê-las a dez pessoas diferentes, receberá dez respostas diferentes.

Em um banco de varejo na Austrália, por exemplo, os líderes queriam expandir para mercados estrangeiros. A lógica era: "Somos muito bem-sucedidos, portanto devemos ser melhores que nossos concorrentes; entraremos em novos mercados, onde as operações não são tão eficientes quanto em nossos mercados domésticos, e faremos a festa." Entretanto, se analisarmos como o banco efetivamente ganhava dinheiro, veremos que todas as métricas operacionais deixavam bastante a desejar. Eles ganhavam dinheiro com base em

170 ALÉM DAS PROJEÇÕES HOCKEY STICK

uma estratégia de produtos: tinham intensa presença em hipotecas residenciais, para as quais havia fortíssima demanda na Austrália na época. Uma fonte ainda maior de lucro era que o banco escolhia locais verdadeiramente fantásticos para suas agências. Só que as escolhas eram feitas por dois funcionários de *back office* e não havia nenhum motivo para suspeitar que teriam igual sucesso na Indonésia ou em outros países.

A segunda: Você sabe aproveitar aquilo que torna sua empresa especial?

Quando analisamos por que conglomerados multiempresariais da Ásia cresceram com tanto sucesso, nos deparamos com uma estratégia muito diferente. Em média, eles entravam em um novo negócio a cada 18 meses. Quase 70% de suas mudanças eram impulsionadas por fusões e aquisições, e metade do crescimento vinha de movimentos em novas atividades, não de aquisições em mercados adjacentes ou na própria cadeia de valor. Isso nos pareceu estranho. Todavia, em um exame mais aprofundado, verificamos que cada aquisição alavancava uma capacidade importante, mesmo que isso não fosse imediatamente óbvio. Não era apenas a empresa conhecer bem o setor; também era possível que tivessem ótimos contatos. Uma empresa atuava com jogos online, mas conhecia bem os reguladores e acabou expandindo para o setor bancário. Outra atuava no setor imobiliário, de modo que tinha acesso a muitos terrenos e decidiu avançar para a produção em grande escala. Embora as estratégias pudessem parecer incomuns, no comando dessas empresas havia pessoas inteligentes que compreendiam muito bem não apenas como ganhavam dinheiro, mas também como poderiam transformar essas vantagens competitivas em mais dinheiro.

Grandes mudanças favorecem boas estratégias

Entender o papel das mudanças em uma estratégia envolve mais do que apenas saber quais são e como funcionam isoladamente; também implica conhecer como atuam em conjunto. As dinâmicas a seguir são as mais importantes para entender melhor as grandes mudanças e os alicerces de uma boa estratégia.

Grandes mudanças são muito valiosas. A beleza do empirismo é que agora sabemos quanto as mudanças aumentam o valor de uma empresa. Veja a matriz do Quadro 28, que mostra o lucro econômico esperado entre 2010 e 2014 de uma empresa que começou no nível intermediário entre 2000 e 2004, com base no *endowment* e nas tendências que herdou (as colunas) e na intensidade de suas mudanças (as fileiras).

Duas coisas se destacam. Primeiro, olhe de cima para baixo e você verá que, qualquer que seja o legado, sempre valerá a pena acrescentar mais

FAZENDO AS MUDANÇAS CERTAS

Quadro 28

O valor das mudanças versus legado
Tanto o legado quanto as mudanças importam!

Lucro econômico esperado entre 2010–14 para empresas que começaram nos quintis intermediários
US$ Milhão

		Legado (*Endowment* e Tendências combinados)	
		Legado fraco	Legado neutro	Legado forte
	Mudanças fortes	260	1.069	1.360
Mudanças	Mudanças neutras	(22)	182	1.102
	Mudanças fracas	(70)	2	161

Fonte: Corporate Performance Analytics da McKinsey

mudanças significativas. Segundo, acompanhe a diagonal e o que verá é que, grosso modo, mudanças realmente grandes podem "anular" o impacto de um legado fraco. Em outras palavras, mudanças fortes com legado fraco (US$260 milhões) são tão valiosas quanto mudanças fracas com legado forte (US$161 milhões). É claro que, podendo escolher, o ideal é ter ambas e obter uma recompensa esperada de fenomenais US$1,36 bilhão. Mas apenas um pequeno punhado de empresas consegue fazer isso.

Até pequenas melhorias nas probabilidades têm impacto dramático nos resultados esperados, devido à inclinação extrema da Curva de Potência. Por exemplo, se ponderarmos as probabilidades, o valor esperado de empresas de nível médio que aumentarem suas chances para 27% (em vez da média de 8%) é US$123 milhões, quase três vezes o lucro econômico médio total das empresas de nível médio.

Grandes mudanças não são lineares. Muitos líderes empresariais se recostariam em sua poltrona e diriam: "É claro que essas cinco mudanças fazem parte de nossa estratégia." Mas isso não é verdade. Mesmo em empresas que articularam essas alavancas em sua estratégia, os negócios não operam com base nos movimentos; pelo menos não o suficiente para realmente fazerem a diferença.

Como mostramos, esforços modestos não melhoram as suas chances. As mudanças não são lineares. Simplesmente utilizar uma alavanca não adianta muito. Você tem de utilizá-la com força suficiente para fazer a diferença. Por exemplo, como já observamos, melhorias de produtividade mais ou menos equivalentes às do setor não importam. A probabilidade de ascender a Curva de Potência só aumenta acima de certo limiar. No caso das melhorias de produtividade, por exemplo, o aumento precisa ser, no mínimo, 25% superior à média do setor para fazer a diferença. Você só empreenderá uma mudança significativa se ultrapassar o limiar de sua respectiva alavanca.

Grandes mudanças têm de ser grandes em relação a seu setor. Mesmo que esteja melhorando em todas as cinco medidas, o que importa é como você se compara a seus concorrentes. É preciso ultrapassá-los se quiser ganhar. Trancadas dentro da abafada sala de estratégia, imersas em meticulosa introspecção, as equipes podem perder de vista o fato de que a empresa não é a única do setor. É praticamente certo que seus concorrentes também estão trabalhando duro. Os gestores podem até acreditar que suas mudanças são, de fato, agressivas e podem até ter planos grandiosos de quanto seus lucros crescerão e quantas aquisições conseguirão concretizar, mas a realidade é que *todos* estão tentando fazer o mesmo. Se todos reduzirem os custos em 5% ou lançarem produtos semelhantes, onde estará a vantagem? Todo esse trabalho é inevitável, mas é apenas para a empresa não ficar para trás.

Grandes mudanças se somam. Uma só mudança não é suficiente se você realmente quiser melhorar suas chances. Mudanças são aditivas. Uma é bom, duas são muito melhor e três são muito, muito melhor. Sem nos aprofundarmos na matemática, a ideia básica é que um movimento praticamente dobra as chances de uma empresa avançar dos quintis intermediários para o superior. Uma segunda mudança praticamente dobrará essas chances. E uma terceira quase dobra as chances novamente, e assim por diante. Os cálculos matemáticos não são exatos, é claro, mas ilustram como duas ou três mudanças podem aumentar enormemente a probabilidade inicial — 8% — de ascender ao quintil superior, mesmo que o *endowment* e as tendências da empresa sejam apenas medianos. Embora até mesmo uma única mudança seja difícil, dadas as

FAZENDO AS MUDANÇAS CERTAS

pressões do lado social da estratégia, é importante utilizar o número máximo possível de alavancas.

Grandes mudanças são assimétricas. Aqui está a boa notícia: quatro das cinco mudanças são assimétricas. Em outras palavras, a possibilidade de subir supera em muito o risco de cair. Embora fusões e aquisições sejam frequentemente consideradas transações de alto risco, quando se trata de subir ou descer a Curva de Potência as estratégias orgânicas são igualmente arriscadas, e as fusões e aquisições programáticas não somente aumentam suas chances de ascender a curva como também diminuem simultaneamente a probabilidade de cair. Estas apostas são, de fato, unilaterais. O mesmo vale para melhorar a produtividade ou o lucro bruto em relação ao do setor. Empreender essas mudanças aumenta a probabilidade de vencer e, ao mesmo tempo, diminui os riscos. A realocação de recursos aumenta ligeiramente as chances de decair, pois você poderá ingressar em um setor com tendências piores que as de seu setor atual, mas quase duplica as chances de alcançar o quintil superior. As despesas de capital são a única alavanca que altera simetricamente as chances de subir e de descer. Ao aumentar as despesas de capital, suas chances de ascender a Curva de Potência aumentam e aumentam também suas chances de cair. Aumentar as despesas de capital amplificam mais que modificam as probabilidades, o que reforça a importância de escolher com muito cuidado as tendências do setor e da região em que você irá apostar.

O temor dos executivos é que, embora as grandes mudanças possam aumentar as chances de subir, também podem trazer mais risco de tropeçar. Mas essa narrativa é falsa. Podemos agora provar que utilizar as cinco alavancas aumenta as chances de ascender a Curva de Potência e reduz as chances de cair.

Com isso, lá se vão as recomendações para "não balançar o barco", ou para não ambicionar muito ou para não forçar a organização a ter um desempenho no mínimo superior ao de seu setor.

Na verdade, não fazer mudanças é provavelmente a estratégia mais arriscada de todas. Você não somente se arrisca a se estagnar na Curva de Potência, como também perde uma recompensa adicional que é totalmente inacessível para os que não mudam: capital para crescer. Esse capital flui principalmente para os vencedores, condenando muitos retardatários a ter de aguentar as pontas.

Grandes mudanças são cumulativas, não soluções milagrosas. Ninguém acorda um dia, decide melhorar a produtividade e espera que ela amanheça melhorada no dia seguinte. O que você descobrirá é que, na verdade, realizar essas grandes mudanças significa acumular boas práticas ao longo do tempo. As empresas que obtêm bons resultados com grandes mudanças fazem delas parte de seu mantra cotidiano. É a constância de propósito que transforma uma mudança em uma grande mudança.

• • •

Pensando bem, a análise do *endowment*, das tendências e dos movimentos é uma maneira bastante nova de examinar boas estratégias e o que é preciso para executá-las no contexto efetivo de nossas empresas. Medimos as probabilidades de uma boa estratégia, explicamos como você pode conhecer suas chances e exploramos as alavancas que você precisa utilizar para melhorá-las e chegar às grandes mudanças.

Temos agora a "visão externa", que poderá ser utilizada para enfrentar o lado social da estratégia. Graças a ela, ainda há esperança de que boas estratégias sejam possíveis — para você e para sua empresa.

No próximo e último capítulo, abordaremos o lado prático do que você pode fazer para melhorar suas chances e superar as probabilidades.

Capítulo 8

Oito mudanças para destravar a estratégia

Sejamos eminentemente práticos: há uma nova maneira de dar uma chance à sua estratégia, mas será preciso efetuar oito grandes mudanças.

Começamos esta jornada de descoberta perguntando como é possível, em nosso mundo de *big data analytics*, que o *hockey stick* continue sendo a imagem icônica da estratégia, ainda que tão poucos se materializem. Ficamos intrigados com o fato de que tantos desafios (como recursos espalhados uniformemente) discutidos e descritos há cerca de 40 ou 50 anos continuem tão similares aos desafios que líderes empresariais contemporâneos compartilham conosco o tempo todo. Eles desejariam realocar recursos para oportunidades de crescimento mais atraentes, por exemplo, mas continuam constatando que os recursos permanecem onde quer que já estejam.

Após ter lido os capítulos anteriores, você talvez concorde que estamos nos primórdios de uma era estratégica muito diferente e muito mais empolgante. Nós agora sabemos quais são as chances de uma estratégia e o que podemos fazer para melhorá-las. E temos condições de definir as estratégias muito melhor, isto é, as grandes mudanças que nos permitem superar as probabilidades e dar a volta por cima.

178 ALÉM DAS PROJEÇÕES HOCKEY STICK

Resta ainda um obstáculo: embora entendamos melhor como o lado social da estratégia impede as grandes mudanças, ainda não estabelecemos como, de fato, lidar com essas barreiras sociais. A dúvida que permanece e que tentaremos esclarecer neste capítulo final é provavelmente a questão mais importante: o que tudo isso significa para o modo como você elabora o processo estratégico, lidera sua equipe, cria e executa estratégias, e tenta obter resultados melhores para sua empresa?

Pretendemos honrar nossa promessa de não apresentar novos modelos, mas queremos oferecer reflexões sobre maneiras bastante práticas de mudar o jogo e ajudar você a romper as barreiras sociais. Proporemos oito mudanças, áreas específicas em que você pode modificar o que ocorre na sala de estratégia; mudanças práticas que você poderá começar a aplicar segunda-feira de manhã.

As oito mudanças sintetizam o que aprendemos sobre como lidar com o lado social da estratégia (veja o Quadro 29).

Quadro 29

As oito mudanças

1.	do	plano anual	para	a estratégia como uma jornada
2.	da	aprovação	ao	debate de alternativas reais
3.	da	uniformidade	a	escolher seu 1 em 10
4.	da	aprovação orçamentária	a	grandes mudanças
5.	da	inércia orçamentária	aos	recursos líquidos
6.	de	*sandbagging*	a	portfólios de risco aberto
7.	de	"você é seus números"	para	uma visão holística de desempenho
8.	do	planejamento de longo prazo	a	dar o primeiro passo

OITO MUDANÇAS PARA DESTRAVAR A ESTRATÉGIA 179

1. De plano anual para a estratégia como uma jornada

Quando você pergunta a líderes empresariais de todo o mundo onde eles tomam a maioria das decisões estratégicas, a resposta raramente é "na sala de estratégia" ou "na sala de reuniões". É muito mais provável que você ouça: "No chuveiro, antes de me reunir com minha equipe" ou "Durante um jantar com o CEO do meu principal cliente". Um de nossos clientes no leste asiático toma regularmente as decisões de negócio mais importantes no campo de golfe, em consulta a três cartomantes com quem costuma jogar (não, não estamos brincando). Outros confirmam que "dar uma caminhada com outros tomadores de decisão" ajuda-os a alinhar e definir direções, reduzindo a ansiedade e a oposição.

O que há de errado na sala de estratégia?

Por mais importante que um ciclo regular de planejamento possa ser para garantir que todas as questões importantes sejam levantadas e os processos orçamentários recebam as informações necessárias, um ciclo regular e padronizado não é muito adequado à natureza dinâmica do ambiente de negócios atual.[1]

Na verdade, pode ser quase impossível tentar resolver as grandes questões estratégicas e, ao mesmo tempo, elaborar um plano de comum acordo. Pode ter certeza de que o urgente prevalecerá sobre o importante e que as grandes questões não serão abordadas. Além disso, questões estratégicas confusas e não lineares não se encaixam no mundo linear dos planos trienais ou quinquenais.

Mesmo que a dinâmica na sala de estratégia fosse perfeita, o mundo não se desenrola em incrementos anuais certinhos. As coisas mudam o tempo todo, tanto em sua empresa como nos mercados ao seu redor. Transações potenciais não se concretizam quando você organiza sua reunião anual de estratégia; elas ocorrem quando ocorrem e cabe a você estar pronto. Por que não discutir algumas das principais questões estratégicas e de desempenho toda semana, ou, no mínimo, todo mês, complementando os tradicionais processos anuais de planejamento estratégico?

A ESTRATÉGIA COMO UMA JORNADA

- Mantenha diálogos regulares sobre estratégia em vez de somente um processo anual.

- Monitore seu portfólio de iniciativas em vários horizontes e atualize sua estratégia conforme o progresso alcançado.

- Se quiser acompanhar os números, monitore os 3 anos seguintes e 3 anos anteriores de um plano evolutivo.

180 ALÉM DAS PROJEÇÕES HOCKEY STICK

Mantenha diálogos regulares sobre estratégia. Digamos que você reduzisse seu processo anual ao mínimo — quase podemos ouvir o suspiro de alívio de muitos de vocês e de seus gestores. Em vez disso, você propõe conversas mais regulares e mais incisivas sobre estratégia com sua equipe, talvez como um tema fixo na reunião mensal da equipe gestora. E começa a manter uma lista atualizada das questões estratégicas mais importantes, uma lista das suas mudanças significativas e um plano de ações para executá-los.

Com isso, você estaria muito mais perto de conseguir envolvimento contínuo na estratégia. Cada vez que a equipe se reúne, cada membro rapidamente atualizaria os demais sobre o estado do mercado e de seu negócio. Em seguida, todos refletiriam sobre seus respectivos problemas, mudanças e iniciativas, determinando se eles continuam adequados ou se devem ser modificados ou cancelados. Além disso, toda vez que se reunissem, vocês avaliariam a fundo uma ou algumas poucas preocupações ou questões oportunas.

Monitore seu portfólio de iniciativas. Sua estratégia evoluirá como um *pipeline* de iniciativas que percorrem diferentes etapas predefinidas.[2] Ideias e expectativas de longa duração serão "opções reais" nas quais o caminho crítico diz respeito a aprender e a se familiarizar. Para iniciativas que pretendem redimensionar o crescimento em um horizonte de três anos, a ênfase será gerir investimentos de capital, atingir marcos específicos e demonstrar forte aceitação dos usuários. Para iniciativas de curto prazo em territórios bastante familiares, os resultados financeiros precisam aparecer no ano em curso. Também deve haver movimentação no *pipeline*, que é projetado para fluir ao longo do tempo, e não ser um plano rígido que, após ser definido, é esquecido.

Sua equipe nunca mais precisará preparar apresentações de 150 páginas que são a causa de tantos jogos e tanta manipulação social. Você não precisará esperar um ano para constatar que aquele *hockey stick* não vai dar certo. As pessoas estarão cientes de que terão de prestar contas continuamente, por isso serão menos propensas a incorrer em *sandbagging* ou a fazer afirmações audaciosas a fim de obter recursos. E mesmo que continuem com seu comportamento tradicional, as transgressões ficarão aparentes bem mais cedo e serão mais fáceis de localizar.

A maioria desses falsos *hockey sticks* desaparecerá por conta própria. Eles ocorrem por causa da dinâmica desconexa entre a estratégia quinquenal e o plano operacional anual, os quais se tornam planos evolutivos. Se estiver sempre a par do que acontece e por quê, você terá uma noção muito mais clara do que efetivamente causa o sucesso e o fracasso. Chega de "o sucesso se deve à excelência da gestão" e "o fracasso foi provocado por eventos externos pontuais".

OITO MUDANÇAS PARA DESTRAVAR A ESTRATÉGIA   181

Monitore um plano evolutivo. Esse tipo de abordagem contínua deixa em aberto a questão de como elaborar um plano e um orçamento partindo dessas conversas mensais. Você poderá continuar com um processo anual simples, mas é mais provável que adote um plano evolutivo de 12 meses que possa ser atualizado conforme necessário. Também poderá ter planos de 2 a 10 anos sendo discutidos o tempo todo nas sessões de estratégia, os quais você ajustará quando mudarem as iniciativas, prioridades e ações. Cada mudança leva a uma atualização da trajetória esperada do negócio. Desse modo, você estará em constante movimento, tal como o mundo ao seu redor.

O processo estratégico será menos previsível e mais adaptado às necessidades da empresa em qualquer ponto. Será uma jornada quase contínua para verificar se as premissas da estratégia permanecem válidas, se a estratégia em si precisa ser atualizada ou se o contexto mudou tanto que novas estratégias são necessárias. *O processo de estratégia será uma jornada* que permeia dinamicamente a corporação, ajudando-a a navegar em setores altamente competitivos e por tendências em acelerada evolução.

A Tencent, por exemplo, possui um processo de estratégia altamente adaptável e capaz de reagir imediatamente a mudanças no mercado. Em certos anos, a empresa chega a realizar centenas de aquisições, de modo que precisa estar constantemente se adaptando, transformando e movendo com base em novas informações. A Tencent tem uma vigorosa orientação estratégica para desenvolver sua plataforma (e novos elementos para a plataforma), mas os fundamentos — as grandes mudanças — mudam como resultado de um diálogo contínuo entre os membros da equipe gestora e em reação a mudanças em seu contexto de negócios.

2. Da aprovação ao debate de alternativas reais

Na maioria das discussões de planejamento há somente um único plano na sala. Sucesso é visto como a aprovação desse plano singular. Uma vez alcançado, todos nós podemos voltar para casa e ser felizes. Em tais circunstâncias, nada poderia ser mais irritante ou inconveniente do que alguém questionar a premissa do plano, ou sugerir outras opções. Ainda que todos nós saibamos que é justamente esse tipo de reflexão mais profunda que é necessária para se chegar a estratégias reais.

Pense desta maneira: uma estratégia real implica fazer escolhas sobre maneiras de vencer — escolhas que são difíceis de reverter — e o planejamento envolve o modo de fazer essas escolhas acontecerem. Mas, com demasiada frequência, o primeiro passo é ignorado, ainda que nos esforcemos para

182 ALÉM DAS PROJEÇÕES HOCKEY STICK

achar que fizemos a coisa certa rotulando o plano como "estratégico". Simplesmente não faz sentido elaborar planos precisos para o futuro errado.

DISCUTINDO ALTERNATIVAS REAIS

- Estruture a estratégia em torno de escolhas "difíceis de reverter".

- Ajuste as aspirações de acordo com seu *endowment*, tendências e mudanças de modo a trazer uma "visão externa" para a sala.

- Compare planos alternativos reais com diferentes perfis de risco e investimento.

- Acompanhe as premissas ao longo do tempo e incorpore contingências a seus planos para que suas escolhas possam evoluir à medida que você for aprendendo mais.

- Utilize técnicas que eliminem tendenciosidades para garantir decisões de qualidade.

Estruture a estratégia como escolhas. E se suas decisões estratégicas se parecessem com as mostradas no Quadro 30? Seria muito diferente de aprovar um outro plano. Se você reestruturar a discussão sobre estratégia como um exercício de escolhas, não de planejamento, toda a conversa mudará.

Para construir sua própria grade de decisões estratégicas, identifique os principais eixos de escolha, lembrando que as escolhas devem ser "difíceis de reverter". Pense nelas como as coisas com que a próxima equipe gestora será obrigada a trabalhar. Em seguida, para cada dimensão de escolha, descreva de três a cinco escolhas possíveis, mas diferentes. As opções estratégicas derradeiras serão os poucos conjuntos coerentes de tais escolhas. Concentre a discussão e as análises nas poucas escolhas mais difíceis.

Calibre sua estratégia. E se todo documento de estratégia contivesse uma versão da análise do *endowment*, das tendências e das mudanças que apresentamos aqui e incluísse ainda um "escore de probabilidades" descrevendo as chances de a empresa ascender a Curva de Potência? Será que isso não reorganizaria as conversas sobre estratégia? Você não teria mais de suportar passivamente longas apresentações na sala de estratégia, nem ser compelido a uma aprovação. Veria que muitas abordagens tradicionais da estratégia simplesmente não funcionam. Teria de voltar à estaca zero e tentar outra vez. Precisaria considerar alternativas reais que talvez levassem a mudanças maiores do que as que empreendeu no passado.

OITO MUDANÇAS PARA DESTRAVAR A ESTRATÉGIA

Quadro 30

Grade de decisões estratégicas para o comércio varejista de produtos alimentícios

As estratégias reais ficam com as escolhas "difíceis de reverter"

Decisões estratégicas	Alternativas			TESCO
Preço	Muito barato	Com desconto	Popular	Premium
Tamanho	1,2 mil SKUs	12,5 mil SKUs	40 mil SKUs	
Marcas	>90% privada	~50% privada	Foco na marca	
Fidelidade	Nenhuma	Programa de fidelidade		
Rede	Pequena, barata	Pequena, cara	Grande	
Nível de atendimento	Básico	Médio	Alto nível	
Combinações	Essenciais	Comida	Grande variedade	

Decisões estratégicas	Alternativas			ALDI
Preço	Muito barato	Com desconto	Popular	Premium
Tamanho	1,2 mil SKUs	12,5 mil SKUs	40 mil SKUs	
Marcas	>90% privada	~50% privada	Foco na marca	
Fidelidade	Nenhuma	Programa de fidelidade		
Rede	Pequena, barata	Pequena, cara	Grande	
Nível de atendimento	Básico	Médio	Alto nível	
Combinações	Essenciais	Comida	Grande variedade	

Em um mundo em que se foca apenas a aprovação, os planos podem acabar sendo discutidos em um verdadeiro vórtice, sem uma calibração confiável. Mas agora, com base no que explicamos sobre os fatores empíricos da estratégia, você pode testar uma estratégia com fatos reais. A utilização explícita de uma "visão externa" de suas aspirações e mudanças poderá ajudar você a corrigir algumas das tendenciosidades e distorções que fazem com que o lado social impeça as discussões na sala de estratégia. Você tem agora a oportunidade de deixar de lado as apresentações de 150 páginas que visam apenas gerar distrações e entorpecer os presentes para que aprovem a proposta.

Muitas vezes, até mesmo permanecer estável na Curva de Potência requer trabalho árduo. Entretanto, a maioria das equipes gestoras e seus líderes não querem ver a empresa estacionária. Querem forçar a barra, querem mais, querem ir além. O problema é que "trabalho árduo" e "forçar a barra" têm muito pouco a ver com o problema real: avançar na Curva de Potência.

Todas as movimentações na Curva de Potência são *relativas aos concorrentes*, e, acredite, seus concorrentes também estão forçando a barra. É claro que estão! Sempre ouvimos as equipes reclamarem que seus CEOs as sobrecarregam com iniciativas. A questão é: quais são as mudanças que, realisticamente, têm condições de colocar a empresa à frente dos concorrentes? São essas as iniciativas que devem merecer toda a sua atenção, consumir todos os seus esforços. Lembre-se daquela sala de reunião do outro lado da cidade onde seu concorrente está discutindo o que fazer para aumentar a participação de mercado dele, exatamente como você.

Nos anos 1990, quando Bill Gates era CEO da Microsoft, ele chegava a dedicar até metade das sessões de revisão de produtos interrogando os desenvolvedores acerca do que eles tinham ouvido sobre produtos concorrentes e sobre o que, teoricamente, outros poderiam estar fazendo para atrapalhar os planos da Microsoft. Esse foco nos concorrentes certamente funcionou para ele e poderá funcionar para você.

Compare planos alternativos. Quase podemos ouvir você pensando: "Era só o que faltava, mais dados. Será que isso não é apenas um convite para mais o jogo da aprovação?" Talvez. Mas você poderá tentar evitar o problema forçando uma discussão sobre alternativas estratégicas que tenham níveis semelhantes de risco/retorno aos olhos dos gestores, em vez de propor uma única grande mudança. Force também uma discussão sobre qual mudança deve ser feita. Ou apresente diferentes cenários de planejamento, com diferentes níveis de recursos e riscos, para que seja possível efetuar *trade-offs* quantificados reais e ninguém seja obrigado a fazer escolhas do tipo "ou tudo ou nada".

Acompanhe as premissas ao longo do tempo. Algumas semanas após a elaboração do plano, suas premissas detalhadas parecem desaparecer da memória. As variações do orçamento são acompanhadas com muito cuidado, mas as premissas subjacentes, como taxas de absorção, crescimento do mercado, índices de inflação, não são monitoradas com o mesmo zelo. Imagine se houvesse um "orçamento de premissas" que fosse monitorado com a mesma atenção que o orçamento financeiro?

Na hora da aprovação, todos nós amamos planos concretos, mas à medida que o mundo real se desenrola, com todas as suas incertezas, passamos a odiar a rigidez. É hora de parar de planejar como se conhecêssemos o futuro. Em vez disso, decida o que você puder hoje, com as informações de que dispõe, e incorpore gatilhos explícitos na estratégia que permitam tomar decisões melhores quando se souber mais. Executar a estratégia como uma jornada (a primeira mudança) tornará isso possível.

Elimine distorções da tomada de decisões. Diz-se que Warren Buffett costuma trabalhar com equipes "vermelhas" e "azuis", e às vezes chega a contratar duas equipes de bancos de investimento para avaliar uma possível aquisição.

Uma delas argumenta a favor; a outra, contra. A ambas é oferecido um bônus por sucesso, pagável somente se Buffett decidir que seu argumento venceu. Firmas de *private equity* verificaram que mais de 30% das decisões seriam diferentes se possibilidades opostas fossem contrapostas umas às outras. Não é pouca coisa!

Existem, é claro, muitas outras ótimas técnicas para eliminar distorções. Uma que aplicamos regularmente é o *pre mortem*, pelo qual você supõe que uma estratégia não conseguiu alcançar o objetivo pretendido depois de, digamos, dois anos.[3] Em sessões de *brainstorming*, você e sua equipe discutem o que teria provocado o fracasso e como este poderia ter sido evitado. O método permite discutir muitos problemas importantes com segurança.

É aqui que suas qualidades como líder podem ter tremendo impacto na trajetória da empresa. Dê a si mesmo um pouco de paz. Acabe com as discussões nauseantes, entediantes e paralisantes de pseudoestratégia que, na realidade, visam pura e exclusivamente a aprovação. Em vez disso, dê a si mesmo e a sua equipe a oportunidade de debaterem suas verdadeiras escolhas.

3. Da uniformidade a escolher seu 1 em 10

A uniformidade é a maior inimiga das grandes mudanças. É quase impossível mudar se os recursos forem espalhados como manteiga de amendoim por todos os negócios e operações. Nossos dados mostram que é muito mais provável que uma empresa ascenda a Curva de Potência quando um ou dois negócios puderem desabrochar plenamente do que quando todos os negócios ou operações tentam melhorar em sincronia.

186 ALÉM DAS PROJEÇÕES HOCKEY STICK

Para avançar, você deve identificar o quanto antes as oportunidades de ascensão e provê-las com todos os recursos de que precisam. Isso implica alinhar sua equipe em torno dos prováveis vencedores, e é aí que geralmente o problema começa. A despeito das melhores intenções, a uniformidade volta a interferir no processo.

Intelectualmente, identificar os prováveis vencedores em seu portfólio é mais fácil do que você imagina. Se você pedir à equipe gestora que identifique os vencedores mais prováveis do portfólio, é provável que concordem enfaticamente com o n° 1 e talvez com o n° 2. Mas o mesmo não pode ser dito a respeito do n° 7 ou n° 8. Já realizamos exercícios com dezenas de equipes gestoras e raras vezes foi difícil escolher o seu "1 em 10", aquele um negócio dentre dez com mais chances de vencer. O problema não é esse. Os problemas começam quando a discussão passa a envolver a alocação de recursos, pois é aí que entra em ação o lado social da estratégia.

Alguns setores parecem entender intuitivamente que é preciso beijar muitos sapos até encontrar o príncipe. Na moda, as pessoas sabem que é aquele *um* lance feliz em cada *dez* que realmente importa. O mesmo acontece no cinema, na exploração de petróleo, no capital de risco e em algumas outras áreas. Todavia, na maioria dos outros setores, não existe uma mentalidade de buscar *hits*; em outras palavras, elas não têm uma apreciação verdadeira das probabilidades.

Escolhendo o seu 1 em 10

- Ajuste os incentivos para que a equipe apoie a realocação dos recursos.

- Determine onde competir em nível granular, talvez até por meio de votação.

- Aloque recursos no âmbito do portfólio e não tenha medo de pender para o lado com mais oportunidades.

- Jogue para vencer — aloque recursos suficientes para superar os outros nas áreas-chave.

Ajuste os incentivos para encorajar a realocação de recursos. Para evitar espalhar recursos uniformemente, você precisa olhar atentamente para a motivação da equipe e, de acordo com ela, estruturar tanto a gestão do desempenho como os incentivos. Se houver algumas pessoas se sacrificando em prol

OITO MUDANÇAS PARA DESTRAVAR A ESTRATÉGIA 187

da equipe, elas precisam saber os motivos e o que têm a ganhar com isso. Em nossa experiência, é preciso extraordinário talento de liderança para conseguir que todos aceitem uma alocação distorcida de recursos. Entretanto, basta conversar um pouco sobre o 1 em 10 para redefinir as expectativas e mudar a natureza do diálogo.

Determine onde competir em nível granular. Uma coisa que realmente atrapalha a realocação dinâmica de recursos é a agregação excessiva e o uso imoderado de médias. É impossível entender a verdadeira variação das oportunidades quando todas as coisas são agrupadas em grandes centros de lucro. Seria melhor elaborar mapas de oportunidades mais detalhados com, no mínimo, 30 a 100 células e então decidir para onde mover os recursos.

A propósito, essa ideia de 1 em 10 é uma espécie de fractal e aplica-se a qualquer nível da empresa em que os gestores queiram identificar os candidatos com mais probabilidade de avançar e cumulá-los de recursos.

Vimos muitas equipes seniores deixarem de lado a uniformidade e adotarem alguma forma de votação para escolher prioridades. Em alguns casos, a votação é secreta, com cédulas em envelopes. Em outros, os CEOs criam uma grande matriz mostrando todas as células de oportunidade e deixam que os executivos atribuam pontos às várias iniciativas (colando adesivos para indicar o número de pontos, por exemplo). Seja qual for a abordagem, verificamos que, na maioria das vezes, há forte concordância quanto às melhores oportunidades. Note-se que há o mesmo tipo de concordância quando se trata de identificar os prováveis fiascos. Não é tão difícil. É no amplo meio de campo que os pontos de vista divergem e os recursos acabam sendo desperdiçados.

Aloque recursos no âmbito do portfólio. Só porque você está organizado de determinada maneira não significa que esta seja a única maneira de encarar o mercado. Na verdade, se os recursos forem alocados de modo a serem "gotejados" à medida que se desce na hierarquia da empresa, você jamais obterá a necessária mudança radical em sua alocação. Estudos mostram que as decisões de alocação de recursos mudam muito quando a estrutura de uma empresa se modifica — mesmo que nada mais tenha mudado.[4]

Um dos autores deste livro concluiu recentemente um estudo para um cliente que, em vez de criar planos no nível das unidades de negócio, decidiu descer um nível abaixo. Construímos uma curva detalhada das cerca de 60 oportunidades específicas de investimento disponíveis, não importando de onde provinham. O resultado? Um deslocamento muito maior de recursos para as melhores oportunidades, que antes, no processo mais democrático, tendiam a ser "medianizadas".

Também vimos vários fundadores/proprietários que tendem a reservar para si todas as decisões mais importantes. Uma das consequências disso é que não há incentivo para espalhar recursos de maneira uniforme. Eles costumam sondar seus executivos a fim de obter informações sobre onde investir, mas são eles que tomam as decisões no final. Desse modo, são muito mais ágeis em distribuir recursos para as iniciativas mais promissoras. Para nós, eles são um modelo para que líderes empresariais ponham fim a essa história de manteiga de amendoim.

Jogue para vencer. Agora que você já tem uma visão granular e está tomando decisões sobre alocação de recursos no âmbito do portfólio, o próximo passo é realmente distorcer os recursos para que possa vencer. Não encare os recursos apenas em relação às suas outras oportunidades: lembre-se de que as grandes mudanças têm de ser grandes em relação ao mundo. Ou seja, você deve basear suas decisões no que os melhores concorrentes estão fazendo. E isso pode significar mudanças radicais.

4. Da aprovação de orçamentos para grandes mudanças

Já discutimos como o lado social da estratégia pode transformar um plano trienal em mera fachada para o verdadeiro jogo, a saber, a negociação do ano 1, que se torna o orçamento. Os gestores têm certo interesse pelos anos 2 e 3, mas são absolutamente fascinados pelo ano 1, pois é lá que vivem e morrem. Portanto, precisamos de uma mudança que ponha fim à situação em que a estratégia é pouco mais do que uma abertura para o personagem principal: o orçamento.

Um dos maiores culpados nessas discussões focadas no orçamento é o "caso base" — alguma versão de um caso de negócios planejado, ancorado em diversas suposições (a maioria das quais obscura) sobre o contexto e a estratégia da empresa. O caso base raramente está ancorado em um entendimento firme do desempenho efetivo dos negócios. Funciona mais como uma âncora, isto é, um ponto de referência que flutua entre contextos e premissas, em que o ano anterior é visto como o único referencial verdadeiro. O caso base é a manifestação da visão interna na discussão sobre estratégia. Por que isso é um problema? Bem, para começar, ele pode obscurecer a situação efetiva da empresa, o que dificulta discernir quais aspirações são realistas e, certamente, quais movimentos estratégicos poderiam tornar essas aspirações realidade.

Muitos dos orçamentos e planos que examinamos apresentam lacunas, isto é, partes da projeção para as quais não há nenhuma justificativa ou explicação. Essas lacunas costumam ser classificadas como *business as usual*, coisas que os gestores prometem realizar como parte do trabalho de liderar a orga-

OITO MUDANÇAS PARA DESTRAVAR A ESTRATÉGIA 189

nização. Eles solicitam recursos para despesas operacionais e pessoal que só podem ser justificados se essas lacunas forem eliminadas, embora não fique nada claro como isso deve acontecer e as ações executadas como *"business as usual"* normalmente nada fazem para ajudar uma unidade de negócio ou a empresa como um todo a fazer grandes mudanças.

As discussões sobre metas não são uma chatice? Imagine se você pudesse transformar totalmente o espírito dessas discussões. O que aconteceria se, em vez de forçar decisões sobre metas e fazer promessas incertas, você pudesse focar o diálogo sobre estratégia em mudanças, nas suas melhores ideias de como conquistar o mercado? Bastaria, então, deixar os resultados acontecerem.[5]

REALIZANDO GRANDES MUDANÇAS

- Construa um "caso impulsor", não um caso base.
- Faça um "desmanche" dos resultados passados para determinar o que proveio das tendências e o que proveio de mudanças.
- "Cuidado com o vão": verifique se o plano é grande o suficiente para preencher a lacuna entre o *momentum* e a aspiração.
- Compare as mudanças com as dos concorrentes para verificar se são grandes o suficiente para realmente fazer a diferença.
- Separe a discussão sobre mudanças da discussão sobre orçamentos: uma deve seguir a outra.

Construa um caso impulsor. Uma maneira prática de evitar essa armadilha é esquecer o caso base. Em vez disso, e embora possa parecer um pouco esquisito, desafie-se e às pessoas que trabalham em sua estratégia a construírem um "caso impulsor" apropriado, isto é, uma versão simples do futuro que pressupõe que a trajetória do desempenho atual da empresa continuará como no período anterior. Ele descarta suposições sobre novos e miraculosos ganhos de participação de mercado e ignora todas as alegações de melhorias de produtividade. Em essência, reduz o plano de negócios ao mínimo: a continuidade do *momentum* atual do negócio, ou seja, a trajetória mais provável sem nenhuma ação adicional.

Ancorar-se ao caso impulsor ajudará você a evitar as causas primeiras dos *hockey sticks* irrealistas e das "costas peludas". Você terá uma noção melhor de quanto ainda precisa avançar, em vez de pressupor o progresso que invariavelmente protagoniza o caso base. Descobrirá qual é o impacto que as mudanças precisam gerar para mudar a trajetória do negócio. Sem um caso impulsor bem documentado, é difícil separar os fatos da ficção nas discussões sobre estratégia.

Faça um "desmanche" de seus resultados. Mesmo tendo um caso impulsor, você ainda precisa entender a fundo e explicitar os motivos de a empresa estar ganhando dinheiro hoje. Esse conhecimento permite que você elimine as tendenciosidades das decisões sobre quais riscos assumir e sobre o desempenho e as recompensas dos gestores. Falta de clareza acerca do que efetivamente impulsiona o desempenho permite que o lado social da estratégia mostre seu repulsivo rosto e provoque muitas estratégias equivocadas. Pense no chefe de uma unidade de negócio que conseguiu atingir o ponto de equilíbrio em um contexto competitivo e compare-o com o chefe de outra unidade de negócio que gerou lucros enormes em uma situação de quase monopólio. Quem será mais bem recompensado na maioria das discussões sobre incentivos? E como isso afetará o modo como as pessoas pensam sobre estratégia e se comportam na sala de estratégia?

Na verdade, não é tão difícil realizar um desmanche — construir um caso impulsor tende a ser um exercício muito mais difícil. No desmanche, você apenas pega o desempenho passado da empresa e constrói uma "ponte", isto é, isola as diferentes contribuições que explicam as mudanças de desempenho. É algo que a maioria dos diretores financeiros já faz regularmente para fatores como flutuações da taxa de câmbio e inflação. A "ponte" precisa considerar o desempenho e o crescimento médios do setor, o impacto das escolhas de submercados e o efeito das fusões e aquisições.

Cuidado com o vão. Tendo adquirido uma compreensão completa e imparcial de onde a empresa se encontra e do que impulsiona seu desempenho, você pode agora calibrar suas aspirações. Em seguida, vem o mais importante: determinar quão grandes as mudanças precisam ser para fechar o vão entre o caso impulsor e a aspiração. Com isso, você verá a verdadeira dimensão da tarefa que tem pela frente, sem supor que certas coisas são *business as usual*, e poderá calcular todo o trabalho que a empresa precisa fazer para divergir do caso impulsor. Não há nada de errado em um grande vão entre impulso e aspiração se você tiver grandes mudanças para preencher essa lacuna.

É hora de abandonar essa dinâmica decepcionante em torno de metas na sala de estratégia. Não exija apenas uma meta ou um orçamento; exija também as 20 coisas que cada um de seus líderes de negócio queira fazer para produzir uma série de mudanças no próximo período. Em seguida, discuta essas mudanças, não os números resultantes. Por que devemos fazer isto ou aquilo?

OITO MUDANÇAS PARA DESTRAVAR A ESTRATÉGIA   191

Por que não deveríamos? De que modo a empresa parece diferente dependendo do limiar de riscos e recursos que definimos para as mudanças?

Uma mudança de foco também trará para a sala de estratégia algumas discussões que, como mostramos, são muito importantes, mas não costumam entrar na conversa. Fusões e aquisições são uma das grandes mudanças que você pode fazer, mas costumam ser tratadas à parte. Produtividade e diferenciação, duas das outras cinco grandes mudanças, são normalmente tratadas como parte da avaliação do desempenho operacional, embora sejam diferenciadores estratégicos, como vimos. Fusões e aquisições, produtividade e diferenciação precisam ser todas debatidas explicitamente nas discussões sobre estratégia, não em metas numéricas e sim em como transformá-las em mudanças significativas, em meios de obter vantagem sobre os concorrentes.

Compare as mudanças. Em vez das costumeiras 150 páginas cheias de detalhes, peça a cada gestor algumas sugestões, calibradas de acordo com o que os concorrentes já fizeram e espera-se que façam. Se um líder de negócio solicitar recursos adicionais, você aprovará ou não o pedido conforme acreditar ou não que as propostas levarão a um *hockey stick* legítimo e conforme confiar ou não que ele ou ela tem capacidade para realizá-los. Se o plano não incluir grandes mudanças, então as metas e os recursos serão reduzidos. Orçamentos não são vinculados a metas; são vinculados a grandes mudanças.

Fale primeiro sobre mudanças, depois sobre orçamentos. O foco nas mudanças evitará o gradualismo do processo normal: "No ano passado, fizemos X; portanto, este ano provavelmente conseguiremos fazer X mais um pouco." Você também evitará a aversão ao risco que acompanha o processo normal, que trata todos os problemas ao mesmo tempo. Com isso, as grandes mudanças vêm em primeiro lugar; a consideração dos riscos, embora obviamente importante, vem depois.

Todos saberão que, se não efetuarem e não conseguirem inspirar confiança em sua capacidade de efetuar grandes mudanças, perderão recursos na mesma proporção.

Aqui está sua chance de deixar de lado o aspecto social da estratégia e dispensar de uma vez por todas as recomendações pouco factuais feitas por quase todos os livros de negócios quando falam sobre estratégia. Se quiser trazer a estratégia de volta para a sala de estratégia, basta fazer com que o diálogo se desenvolva em torno de mudanças com base em fatos, ajustado de acordo com as ações dos concorrentes e informado por sua experiência e discernimento.

5. Da inércia orçamentária aos recursos líquidos

Vamos supor que as decisões sejam tomadas em torno das grandes mudanças. Como evitamos um rude despertar? Digamos que, no final de outubro, seja hora de elaborar o orçamento e que queiramos dar um grande passo: alocar 15% de todas as despesas operacionais e de capital de todos os nossos empreendimentos para novas oportunidades de crescimento. Só que nada acontece. Por quê? Bem, não temos esses recursos. Não podemos simplesmente extrair 10% a 20% do orçamento operacional de um negócio em pleno funcionamento sem aviso prévio. Ninguém em sã consciência faria isso.

Para mobilizar recursos e orçamentos, é preciso que haja certo grau de liquidez dos recursos. A maioria das empresas não cria essa liquidez antecipadamente, mas os recursos líquidos são, em essência, a moeda da estratégia. Como você pode fazer uma aposta estratégica se não tiver recursos para bancá-la?

Acreditamos que a comunhão entre estratégia e execução ocorre quando recursos são disponibilizados para levar a cabo grandes mudanças. Só então a execução pode começar e os gestores podem ser responsabilizados, pois não terão mais a desculpa da restrição de recursos.

> ### RECURSOS LÍQUIDOS
>
> - Comece a liberar recursos até um ano antes que sua estratégia precise utilizá-los.
>
> - Adote a "orçamentação baseada em 80%" para liberar um fundo comum de recursos contestáveis.
>
> - Cobre dos gestores um custo de oportunidade por seus recursos, para que tenham um incentivo para liberá-los.

Libere recursos antecipadamente. Você precisa começar cedo — no dia 1º de janeiro ou quando quer que o ano fiscal inicie. É quando iniciativas sérias de melhoria da produtividade já precisam estar em andamento de modo a liberar recursos para o momento em que as alocações de recursos forem decididas mais adiante no ano. Os recursos também podem ser liberados de muitas outras maneiras, por meio de desinvestimentos, injeções de capital, etc., mas o motivo pelo qual destacamos a produtividade é que recursos estratégicos não dizem respeito apenas a dinheiro. Despesas operacionais e talento são recursos tão ou mais importantes que também precisam ser liberados para poderem ser realocados.

OITO MUDANÇAS PARA DESTRAVAR A ESTRATÉGIA   193

É preciso determinação. Se quiser que haja recursos disponíveis para serem realocados, você precisa preservá-los depois que forem liberados. Se houvesse leis físicas no mundo dos negócios, uma das mais inclementes seria que todos os recursos se dissipam instantaneamente. A divisão de pesquisa e desenvolvimento apresentará as ideias mais criativas para novos produtos assim que um engenheiro tiver tempo; a equipe de vendas identificará as novas oportunidades de negócios mais atraentes assim que parte dos vendedores for liberada pelo programa de produtividade. Extrema clareza na separação das iniciativas que liberam recursos das oportunidades para que sejam reinvestidos é fundamental para que haja um ganho significativo de produtividade e para preservar os recursos que você pretende realocar.

Elabore um orçamento "baseado em 80%". Você talvez tenha ouvido falar em "orçamentos base zero", a ideia de que cada centavo precisa ser examinado e ganho por mérito. É uma bela ideia e faz muito sentido em momentos e situações específicos, mas você não pode administrar uma operação um ano de cada vez, nem pode contratar e demitir uma força de trabalho inteira cada ano. O que é possível é fazer com que uma parcela do orçamento seja contestada todos os anos. Mencionamos aqui 20% apenas como indicador; em certos casos, 10% podem ser mais realistas. O objetivo é forçar o dinheiro de volta ao pote cada ano, liberando-o para ser realocado. Lembre-se: para realocar é preciso desalocar.

Uma ideia correlata é estabelecer metas elevadas de melhoria — distintas das metas de crescimento — de modo gerar um fundo comum contínuo de recursos. Em vez de apenas atingirem suas cotas e metas, os líderes terão a tarefa adicional de liberar certa porcentagem de recursos mediante aumento da produtividade, *além de* continuarem apresentando resultados das novas iniciativas de crescimento.

Atribua um custo de oportunidade aos recursos. Um problema comum é que os recursos tendem a ser considerados "gratuitos" quando não impactam o seu orçamento específico. Por exemplo, no varejo, os gerentes de categoria são responsáveis por aumentar as vendas e os lucros brutos de sua categoria. Entretanto, os recursos escassos necessários para gerar esses ganhos — espaço nas prateleiras (limitado) e estoque (dispendioso) — muitas vezes não são medidos com igual rigor. Como resultado, os gerentes não desejam abrir mão do espaço ou reduzir o estoque, mesmo que isso libere recursos para outras oportunidades. No caso do varejo, a solução é bem simples: utilizar quocientes. Se o gerente de categoria for avaliado em vendas por metro quadrado (retorno sobre o espaço) e/ou giros de estoque (retorno sobre estoque), os incentivos para que libere recursos para usos mais produtivos serão mais poderosos. Em outros casos, as soluções podem ser mais complexas; não obstante, precisam ser encontradas a fim de garantir que os recursos sejam alocados da maneira mais eficaz possível.

Sem a liberação contínua de recursos, a estratégia torna-se um exercício fútil e restrito por um orçamento limitado. Isso não funciona em um mundo em que mudanças significativas são necessárias. Ao tornar os recursos mais líquidos, você trará inovação para a sala de estratégia. E as grandes mudanças se tornam possíveis.

A NXP tinha 14 negócios quando se desmembrou da Philips. Com o tempo, acabou transferindo todos os seus recursos para dois deles, liberando dinheiro e pessoas em todos os outros. Suas escolhas 1 em 10 foram os setores automotivo e de identificação, corroboradas pela plena transferência de recursos, e essas mudanças criaram uma série de vitórias consecutivas para a empresa — os negócios com mais chances foram abastecidos com "recursos para vencer".

6. De *sandbagging* a portfólios de risco aberto

Quando unidades de negócio desenvolvem planos estratégicos, nós bem sabemos que muitas vezes elas se protegem estabelecendo alvos fáceis. À medida que seus planos vão sendo agregados no nível corporativo, esses escudos acabam constituindo o mecanismo corporativo de *sandbagging*, que torna as "costas peludas" praticamente uma certeza. Dada a mentalidade de evitar riscos, metas não são definidas nem recursos alocados de maneiras que permitam uma performance fora do comum. O mecanismo de agregar as estratégias das unidades de negócio também explica por que vemos tão poucas mudanças propostas no nível corporativo: muitas iniciativas de fusões e aquisições e outros programas arrojados são simplesmente vistos como arriscados demais pelos líderes das unidades de negócio. Tais iniciativas nunca chegam à lista final que eles apresentam na sala de estratégia.

Sandbagging é um problema complexo e difícil de resolver. Não negamos isso. Imagine a equipe de liderança de uma unidade de negócio que planeje melhorar o lucro para, talvez, 10% das vendas. O líder não quer se comprometer com um valor alto demais, de modo que decide efetuar uma "correção" que leve os riscos em conta e acaba prometendo apenas 5 pontos percentuais. Ele então pensa: "Se eu tiver esses 5 pontos 'livres', vou investir em boas ideias de crescimento." Assim, ele acaba tendo bastante flexibilidade e, caso o lucro não melhore, terá sua proteção contra o risco. Entretanto, ele também pode acabar desistindo de tentar melhorar além dos 5 pontos que prometera. Ou talvez acabe assumindo o risco considerável de investir em crescimento, cujos efeitos só serão percebidos mais tarde.

"Tem certeza de que o alvo é grande o suficiente?"

Por outro lado, também existem equipes que dedicam grandes esforços contra o *sandbagging*. A ideia fundamental é sair da atual dinâmica de "usar *sandbagging* no orçamento e *hockey sticks* na estratégia" para uma situação em que riscos e investimentos sejam geridos em um nível agregado. Em outras palavras, a ideia é parar de agregar *sandbagging* orçamentário de baixo para cima e criar uma única visão no nível corporativo — e deixar de lado essa história de *hockey sticks* espalhados por toda parte e adotar um único de nível corporativo baseado em uma série de mudanças plausíveis. Todos nós tendemos naturalmente ao *sandbagging* porque, afinal de contas, é o que todo mundo faz. Entretanto, agrupar a discussão sobre o risco elimina essa justificativa.

> **PORTFÓLIOS DE RISCO ABERTO**
> - Institua conversas separadas para melhorias, crescimento e risco.
> - Decida entre risco e crescimento no nível do portfólio, não da unidade de negócio.
> - Adapte as maneiras de abordar "movimentos impenitentes", "grandes apostas" e "opções reais".
> - Ajuste incentivos e medidas para que reflitam o risco que as pessoas estão assumindo.

Institua conversas separadas. Você pode passar de uma revisão integrada da estratégia para três conversas sequenciais que focam os aspectos centrais da estratégia: (1) um plano de melhoria que libera recursos, (2) um plano de crescimento que consome recursos e (3) um plano de gestão de riscos para reger o portfólio. Essa abordagem provoca uma série de mudanças.

A mudança força as pessoas a discutirem os planos de crescimento sem terem de ficar sempre discutindo os "entretantos". Elas podem focar o ponto a que são capazes de chegar e os recursos necessários para tal. Você pedirá a todos que apresentem planos de crescimento, talvez insistentemente em certos níveis, para assegurar que todos sejam devidamente criativos e assertivos. O mesmo vale para planos de melhoria. Somente depois que as pessoas tenham apresentado suas melhores ideias é que você começará a discutir os riscos.

Essa mudança força as pessoas a prestarem muita atenção aos planos de melhoria, que frequentemente são deixados de lado nas discussões sobre crescimento — planos que, como vimos, podem produzir mudanças que levam ao sucesso estratégico. Ao permitir que os líderes dos negócios discutam o risco de maneira explícita, você faz com que eles deixem de acreditar que suas cabeças serão as únicas a rolar caso o risco estratégico não possa ser mitigado. Eles compartilharão com você o que sabem sobre seus respectivos riscos, em vez de tentarem ocultá-los em seus planos ou de preferirem sequer mencionar uma iniciativa por julgarem que o risco pessoal é alto demais.

Efetue *trade-offs* entre risco e crescimento no nível do portfólio. O mais importante é que agora você pode agregar todas as iniciativas propostas de acordo com sua contribuição para o crescimento, seu potencial de melhoria e seus riscos inerentes. Com isso, você pode tomar decisões referentes ao grau de risco que deseja que a corporação assuma e priorizar os movimentos estratégicos conforme avaliações de riscos e de retorno no nível do portfólio.

Isso não é pouca coisa.

Ao separar as conversas, você força as pessoas a fazerem mudanças significativas para crescimento e melhoria. Com isso, você pode pedir que apresentem planos audaciosos, planos com metas na casa dos 20% ou mesmo dos 40%. E poderá discutir explicitamente os riscos, congregando os riscos de todos os planos e priorizando cada um. Com isso, você passa de soluções ideais de *sandbagging* para uma solução ideal abrangendo a empresa inteira que leva em conta todos os riscos.

E também poderá ter discussões explícitas de nível corporativo sobre todas as iniciativas propostas no que tange a fatores macroeconômicos ou geopo-

OITO MUDANÇAS PARA DESTRAVAR A ESTRATÉGIA   197

líticos de risco (que raras vezes são reconhecidos formalmente). Caso seja relevante, você pode até solicitar que os líderes de cada negócio apresentem planos com metas de -20% ou -40%, o que faz com que obrigatoriamente reflitam os riscos com os quais você talvez esteja preocupado.

Adapte as abordagens a diferentes perfis de risco. Demasiadas vezes acabamos misturando coisas diferentes quando empreendemos um grande número de projetos. Um "movimento impenitente" é aquele que oferece resultados conhecidos que funcionam em todos os cenários e para o qual uma análise padrão do valor presente líquido é mais do que suficiente. Os imperativos básicos da eficiência costumam se encaixar aqui. "Grandes apostas" são decisões de alto comprometimento que têm a possibilidade de estarem erradas. Você deve tomá-las com muito cuidado, sempre com muita análise de cenários e gestão de riscos. "Opções reais" têm custos iniciais menores, mas seus resultados demoram mais a chegar e são mais incertos. Como geralmente partem de um valor intrínseco negativo, qualquer visão rigorosamente voltada aos lucros e perdas poderá matá-las, e, por exemplo, a empresa acabará investindo muito pouco em aprendizado e opcionalidade. É preciso muita disciplina e ponderação para discutir de maneiras alternativas esses diferentes tipos de risco.

Ajuste os incentivos para que reflitam o risco. Essa mudança, é claro, tem de se traduzir em metas de desempenho e programas de incentivo. Você terá de ajustar as metas dos líderes que não tiverem suas iniciativas aprovadas, talvez por terem incorrido em riscos que a empresa não quisesse assumir. Uma gestão bastante deliberada dos incentivos abrirá o caminho para grandes mudanças.

7. De "você é seus números" para uma visão holística do desempenho

Por mais difícil que seja qualquer mudança, há outra complicação: o que quer que você faça, não poderá fazê-lo sozinho. Você tem de trazer sua equipe junto.

Ninguém acreditaria quantas vezes os gestores são obrigados a aceitar "metas estendidas" para planos que talvez sejam no máximo P50 (com apenas 50% de chance de ser realizado) e como essas probabilidades são absolutamente esquecidas na hora de analisar o desempenho no final do ano. As pessoas sabem que elas "são seus números" e reagem à altura a qualquer tentativa de estabelecer metas. Como poderia ser de outra maneira?

"ÍAMOS TENTAR UM HOCKEY STICK, MAS NÃO CONSEGUIMOS RECURSOS."

É claro que "convidar o Mr. Bayes para a sala de estratégia", isto é, trazer as probabilidades para o primeiro plano, pode ajudar a mudar o diálogo. Discutir o 1 em 10 e as chances de sucesso modificará os referenciais e a perspectiva de sua equipe. Entretanto, você não conseguirá ir muito além do efeito-novidade se não for capaz de alinhar os incentivos e de verdadeiramente mudar a mentalidade de seus membros. A menos que haja um legítimo senso de coparticipação nos rumos da empresa, você dificilmente conseguirá que sua equipe se comprometa plenamente com as mudanças necessárias para mobilizar o negócio.

> **UMA VISÃO HOLÍSTICA DO DESEMPENHO**
> - Encoraje os fracassos louváveis e concentre-se na qualidade do esforço.
> - Reflita a maior ou menor probabilidade de sucesso em suas estruturas de incentivo.
> - Em contextos mais arriscados, adote incentivos com tempo mais longos para a equipe.

Encoraje os fracassos louváveis. Claramente, compreender as probabilidades de sucesso é fundamental. Você precisa discernir se está aceitando um plano P30, P50 ou P95. Esse entendimento constitui a base para uma conversa

OITO MUDANÇAS PARA DESTRAVAR A ESTRATÉGIA 199

razoável no final do ano que consiga diferenciar fracassos louváveis de fiascos de desempenho.

Naturalmente, adquirir esse tipo de entendimento exige que você investigue o que provocou os resultados, e, mais importante, que não restrinja a investigação apenas aos fracassos, visto que entender as causas dos sucessos é igualmente fundamental. Não se deve punir os fracassos louváveis, mas também não se deseja recompensar o que for pura sorte. O que você quer é motivar a verdadeira qualidade do esforço.

Na Gore-Tex, por exemplo, as equipes obtêm dados sobre desempenho e faz-se uma votação para determinar se cada equipe e seu líder "fizeram a coisa certa". O resultado dessa votação geralmente está mais próximo da verdade que os dados em si.

Não importa como você aprende a entender as probabilidades e a usá-las em incentivos, o crucial é que as pessoas saibam que não serão punidas porque um plano de alto risco simplesmente não deu certo. Para contrariar as probabilidades e dar a volta por cima, você tem de abandonar o tipo de abordagem que barganha metas e depois impõe impiedosamente consequências com base apenas nos resultados. Se conseguir incutir em sua equipe um senso de, guardadas as devidas proporções, comunidade, você já começará em vantagem.

Reflita as probabilidades nos planos de incentivo. Não estamos sugerindo que você recorra a um *"balanced scorecard"*, pois isso apenas abrirá o campo para novos jogos sociais. *Balanced scorecards* inevitavelmente criam tantas oportunidades de enfatizar resultados que, como equipe, você acaba nunca sabendo qual é o principal foco.

Em seu lugar, propomos um *"unbalanced scorecard"* com duas metades distintas: à esquerda, um conjunto padrão de dados financeiros evolutivos, com foco em dois ou três (como crescimento e retorno do investimento), vinculados às metas de lucro econômico da divisão e da empresa; à direita, um conjunto de iniciativas e ações de relevância estratégica que corroboram o plano. Eis como o incentivo funciona: o lucro econômico determina uma faixa de incentivos entre 0% e 100%. Em seguida, cada uma das mudanças estratégicas pode ser cancelada a critério do "avaliador". Em outras palavras, a maneira de obter resultados é tão importante como os resultados em si. O cancelamento é o fim. Cada fator pode cancelar seu bônus, embora também haja discernimento humano: se fracassarem, planos P50 serão tratados com mais brandura do que planos P90. Será que isso mudaria o jogo? No mínimo, forçaria uma nova conversa!

Jogue como um time. Algumas tarefas têm tempos curtos, possuem um vínculo evidente entre atividade e resultado, são facilmente monitoradas e permitem que a sorte só desempenhe um papel secundário. Nesses casos, KPIs detalhados, com grandes incentivos individuais, provavelmente fazem sentido. Contudo, para muitas outras tarefas, vários problemas podem surgir em decorrência de defasagens temporais, de esforços cooperativos e de resultados distorcidos. É por isso que operadores de câmbio recebem enormes incentivos individuais, mas professores não.

Em particular, se quiser que um portfólio apresente bons resultados, você precisa encorajar as pessoas a assumirem riscos suficientes para que o perfil total de risco do portfólio seja otimizado. Como sabemos, em muitos casos, a aversão individual ao risco costuma prevalecer e mudanças mais arriscadas acabam sendo eliminadas, mesmo que pudessem melhorar muito o desempenho médio da equipe. É por isso que, à medida que o grau de risco aumenta, você deve preferir que as pessoas sejam recompensadas com base no desempenho da equipe. Claro que é preciso haver um equilíbrio, porque você não vai querer dar folga aos caronistas. É preciso garantir que os trabalhos certos sejam realizados, mas, de modo geral, se quiser que mais riscos sejam assumidos, você tem de incluir um componente compartilhado maior nos incentivos individuais.

8. Do planejamento de longo prazo a dar o primeiro passo

É algo que vemos o tempo todo: até mesmo fundadores, presidentes do Conselho, CEOs ilustres e alguns dos mais admiráveis líderes empresariais às vezes travam. Podem ter planos esplêndidos que os entusiasmam. Podem ter visões grandiosas de resultados e níveis de desempenho. Sua liderança no setor pode ser pressuposta. E, no entanto, muitos deles deparam com um problema: não há nenhum elo entre essa visão grandiosa, essas aspirações ousadas e uma estratégia real; nenhum elo com as grandes mudanças que serão necessárias para realizar a visão; e, em particular, nenhum elo com o primeiro passo que tem de ser dado para avançar na direção certa. É genial poder enviar alguém para realizar uma visão, mas como saber o que essa pessoa fará em seguida?

Quase todos os gestores darão ouvidos às visões, desenvolverão planos incrementais que considerem factíveis e os executarão da melhor maneira que puderem. Muitas vezes, esses planos darão um rumo à empresa, mas nem sempre em uma direção que torne a visão realidade ou que concretize o pleno potencial de seus negócios.

Para se chegar ao fim da execução de uma estratégia, é preciso que haja um começo, um primeiro passo. Isso significa que, depois de identificar as mudanças, você deve separá-las em objetivos imediatos, em missões que sejam realis-

OITO MUDANÇAS PARA DESTRAVAR A ESTRATÉGIA 201

ticamente realizáveis em um prazo adequado — digamos, 6 a 12 meses. Pedir à equipe para separar as metas em passos menores e viáveis não apenas a forçará a ser eminentemente prática sobre o que fazer a seguir, mas também fornecerá um roteiro para você verificar se ela está no caminho certo para o sucesso.

DANDO O PRIMEIRO PASSO

- Foque desproporcionalmente o primeiro passo ao discutir planos de longo prazo.
- Defina o futuro em períodos de 6 meses e metas imediatas a partir de métricas operacionais claras.
- No início, foque mais as ações do que os resultados.
- Compatibilize e mobilize imediatamente os recursos necessários.

Foque o primeiro passo. É fácil confundir planejamento de longo prazo com ações de longo prazo. Saímos da sala com uma sensação reconfortante acerca de todas as coisas que iremos fazer um dia. Mas estamos cientes de que a única coisa que podemos realmente controlar é o que é feito agora, e esta é a faceta nítida da estratégia.

Volte no tempo. Em vez de imaginar aonde quer chegar, retroceda a partir do destino final e defina os marcos mais importantes do percurso. Separe a jornada em períodos de 6 meses. E então faça o teste: O que eu preciso fazer nos *primeiros* 6 meses é efetivamente possível? Se o primeiro passo não for viável, o restante do plano é mera conversa fiada. Na linguagem do professor de estratégia Richard Rumelt, uma das verdadeiras artes da estratégia é determinar o "objetivo imediato", a melhor coisa que eu posso fazer agora, com as minhas habilidades e restrições, para avançar minha estratégia.[6]

No início, foque mais as ações que os resultados. A verificação inicial do plano deve determinar se os primeiros passos foram dados, não perguntar onde está o dinheiro. Conversas sobre desempenho que focam exageradamente os resultados financeiros tendem a enfatizar demais os indicadores defasados — são como olhar para o passado. Da sua parte, os especialistas em reestruturação e *turnaround* da McKinsey dedicam muito mais tempo a checar se as ações foram empreendidas e os marcos alcançados, e, como você já deve ter adivinhado, os resultados decorrem.

Mobilize os recursos iniciais. Você pode avaliar metas de longo prazo com métricas claras e operacionais para determinar se as iniciativas receberam volume apropriado de recursos. Nem saberíamos dizer quantas vezes discutimos iniciativas estratégicas com clientes, como novos negócios de forte crescimento, e, quando lhes perguntamos sobre pessoal, eles dizem que não têm ninguém. Ou seja, talvez você deva pensar em organizar uma série de ciclos ágeis de desenvolvimento — *agile sprints* — para colocar as iniciativas em movimento, investindo muita energia para começar.

Mostramos que grandes mudanças só fazem sentido se forem feitas de forma consistente e por um longo período. O motivo para esta oitava e última mudança é que toda grande ação começa com um primeiro passo. Certificar-se de que recursos e pessoas estejam disponibilizados para as principais iniciativas é, talvez, o passo mais importante de todos para que sua estratégia supere as probabilidades.

O CEO de uma seguradora, por exemplo, trabalhou em uma visão com sua equipe e concluíram que o papel desapareceria do setor de seguros em dez anos. Parece plausível, não? Mas quando solicitou o plano anual, verificou que o consumo de papel no ano seguinte iria *aumentar*. Ele expôs suas considerações para a equipe: "Para fazermos jus à nossa visão, seria viável manter o consumo de papel estável no ano que vem e reduzi-lo no subsequente?" Evidentemente, a equipe não podia recusar, e, ao formular uma pergunta inerente ao primeiro passo, o CEO forçou a estratégia!

O pacote completo

Até agora foi um festival de conselhos práticos. Excessivo? Talvez. Mas podemos garantir que já vimos tudo isso em ação e que funciona.

A questão é que essas oito mudanças são um pacote completo. Você não pode realizar algumas e outras não. Há certa lógica entre todas elas. Além disso, o lado social é uma verdadeira fera. Você tem de entrar com tudo e realizar todas essas mudanças ou abrirá espaço para novos jogos sociais. É preciso uma intervenção efetiva para sacudir a equipe e trazê-la para esse novo panorama.

Como fazer isso? Você provavelmente encontrará uma maneira própria que se adeque a seu estilo, posição, equipe e contexto de negócios. Mas gostaríamos de apresentar um exemplo simplificado para ilustrar uma maneira possível de encarar a questão: que tal adotar o novo processo de estratégia reservando 10 dias por ano para conversas e introduzindo as mudanças uma reunião por vez? Será que isso funcionaria?

OITO MUDANÇAS PARA DESTRAVAR A ESTRATÉGIA 203

Se as coisas derem errado, você erraria em um só lugar e poderia corrigir o rumo antes da conversa seguinte. Suponhamos, por exemplo, que ao final dos 10 dias você não tenha conseguido liberar todos os recursos necessários. Não há problema; basta tomar isso como o novo ponto de partida. Pegue os recursos que conseguiu liberar até o final do primeiro ciclo de planejamento e aloque-os para os negócios mais prioritários. Já é um começo e, o que é mais importante, sua equipe entenderá o que esse novo processo envolve. Com isso, torna-se possível aumentar o nível de recursos que você exigirá a cada vez.

Aqui está o esboço de um cronograma de 10 dias, que podem ser distribuídos ao longo de qualquer período que lhe for conveniente:

- **Dias 1 e 2**: Reunião de lançamento para iniciar a jornada. Discuta a lista de questões estratégicas que precisam ser resolvidas; discuta o caso impulsor; sequencie os tópicos nos outros oito dias; anuncie os recursos que precisam ser liberados no ciclo.

- **Dia 3**: Descreva alternativas reais para cada questão estratégica; inicie o debate sobre direção; identifique as principais escolhas a fazer; atualize a lista de questões estratégicas e a sequência de discussão.

- **Dia 4**: Descreva alternativas para grandes mudanças em cada negócio, novamente; atualize a lista de questões estratégicas e sequência de discussão.

- **Dia 5**: Aprofunde a discussão sobre questões prioritárias (siga a sequência); comece a escolher os 1 em 10; classifique os planos em P50s e P90s; faça as primeiras votações; atualize a lista de questões estratégicas e a sequência de discussão.

- **Dia 6**: Aprofunde a discussão sobre questões prioritárias (siga a sequência); descreva as grandes mudanças de cada negócio; escolhas os 1 em 10; atualize a lista de questões estratégicas e a sequência de discussão.

- **Dia 7**: Aprofunde a discussão sobre questões prioritárias (siga a sequência); discuta as grandes mudanças como um portfólio de iniciativas de crescimento, iniciativas de melhoria e riscos envolvidos; escolha os movimentos a serem empreendidos com uma visão de portfólio; atualize a lista de questões estratégicas e a sequência de discussão.

- **Dias 8 e 9**: Aprofunde a discussão sobre questões prioritárias (siga a sequência); traduza o plano em *unbalanced scorecards*; trabalhe os principais fatores de sucesso e modos de fracasso, e elabore planos de mitigação; envolva a equipe; atualize a lista de questões estratégicas e a sequência de discussão.

204   ALÉM DAS PROJEÇÕES HOCKEY STICK

- **Dia 10**: Finalize os primeiros passos; examine em detalhes os primeiros 6 meses; faça um balanço e atualize a lista ativa de questões estratégicas e a sequência de discussão; comemore!

O que você acha? Este processo não seria muito mais real, e muito mais divertido, do que os habituais *hockey sticks* e a uniformidade de distribuição de recursos?

Epílogo

Vida nova na sala de estratégia

Você está pronto para dar uma chance às mudanças importantes?

Ou isso tudo parece um pouco fácil demais?

Bem, talvez. A estratégia continua sendo um trabalho árduo e uma boa estratégia exige muita criatividade. A execução requer liderança determinada e resiliente. Só então as empresas terão a chance de subir na Curva de Potência.

No entanto, pelo que vimos em salas de estratégia e diretorias em todo o mundo, ao longo de décadas convivendo com CEOs, mesmo que três atributos cruciais estejam presentes — trabalho duro, novas ideias e resiliência —, isso não é suficiente. O lado social da estratégia provavelmente atrapalhará, destruindo boas ideias, produzindo *hockey sticks* com recursos insuficientes, distribuindo recursos e levando a resultados decepcionantes para todos os envolvidos.

Você precisa olhar para os aspectos empíricos da estratégia e adquirir uma visão externa realista. Só então poderá mudar o contexto e ter discussões mais honestas na sala de estratégia.

Então terá a oportunidade de criar consenso em torno de decisões estratégicas que impliquem mudanças importantes. Com isso, aumenta a probabilidade de ser justo em termos de incentivos que cria para suas equipes e de distinguir corretamente quanto do desempenho depende do que ocorre no setor e quanto crédito ou culpa cabe a cada indivíduo. Você tem a chance de criar incentivos que levem todos a agir no melhor interesse da corporação e de seus *stakeholders* — e não, em última análise, apenas em seus próprios interesses. Em suma, é uma rara ocasião para criar uma vida melhor e obter resultados melhores para todos os envolvidos.

Com este livro, esperamos ter lançado alguma luz sobre a estrutura de uma boa estratégia empresarial, sobre o que realmente funciona e o que não funciona. Esperamos ter feito uma contribuição palpável para o modo como você pensa sobre a estratégia ao identificarmos as alavancas que mais contribuem para sucessos e fracassos. Agora você pode combiná-las ao ajustar a sua estratégia com um vasto conjunto de empresas e suas jornadas efetivas. Mais importante, esperamos que a leitura deste livro tenha lhe dado muita inspiração prática sobre como mudar a maneira de utilizar fatos na sala de estratégia (e na diretoria) a fim de superar o lado social.

"ELIMINAMOS O LADO SOCIAL DA ESTRATÉGIA."

VIDA NOVA NA SALA DE ESTRATÉGIA

A estratégia continua sendo em parte ciência, em parte arte, mas, com a pesquisa contida neste livro, temos agora o entendimento e as ferramentas para enfrentar com eficácia alguns dos dilemas perenes da mobilização de equipes gestoras e empresas. Se adotar a ideia de probabilidade e interiorizar as ideias deste livro sobre estratégias que lhe permitam aumentar as chances de sucesso, certamente descobrirá seu próprio modo de eliminar tendenciosidades e lidar com o lado social. Estamos confiantes de que, agindo assim, você terá muito mais chances de conquistar o mercado e criar valor para seus *stakeholders*.

Por que não? Vamos fazer acontecer!

Agradecimentos

Nossos clientes, pelos quais temos o maior respeito, por experimentarem e testarem ao longo dos anos tantos dos *insights* resumidos neste livro — e que generosamente compartilharam seu conhecimento conosco.

Nossos sócios na McKinsey, pela confiança depositada em nós e por terem investido ao longo dos anos na criação de um conjunto único de *insights* para reformular a estratégia e "ir aonde ninguém jamais esteve".

Nicholas Northcote, pelos quatro anos de liderança em trabalhos analíticos e incontáveis horas na sala de estratégia conosco, lutando por *insights* e pela história deste livro... e conseguindo não ser nocauteado, como em sua experiência no boxe profissional.

Paul Carroll, o único que efetivamente sabia como escrever um livro.

Patrick Viguerie, por ter feito parte da equipe por muito tempo e fornecido inspiração inicial.

Angus Dawson, que participou da jornada desde *The Granularity of Growth*.

Bibi Smit, Sabine Hirt e Mel Bradley, por sua sabedoria e paciência, e ainda mais pelo apoio inabalável que nossas famílias deram quando o esforço parecia ser interminável. Agradecimento especial também a Sabine por todo o *feedback* prático sobre o manuscrito.

Nossas equipes de suporte da McKinsey nos últimos três anos: Andre Fromyhr, Eleanor Bensley e Lucy Wark durante a fase de criação do livro; e Bhawna Gupta, Roerich Bansal, Vikram Khanna, Zack Taylor, Patryk Strojny, Sven Kämmerer, Enrique Gomez Serrano e Wladimir Nikoluk, enquanto desenvolvíamos os conceitos analíticos e a base de fatos.

Bhawna Gupta e sua equipe, por construírem os modelos e dedicarem horas incontáveis corrigindo os números e dando suporte a centenas de conversas com CEOs ao longo dos anos.

Tim Koller, Werner Rehm, Bin Jiang, Marc de Jong e suas equipes no Strategy Analytics Center da McKinsey, por muitas conversas inspiradoras ao longo dos anos e por terem construído um conjunto único de recursos para análise do desempenho corporativo.

AGRADECIMENTOS

Victoria Newman, Blair Warner, Tammy Anson-Smith, Nicole Sallmann, Philippa Hazlitt e Jennifer Chiang, por seu *feedback* e apoio às nossas linhas de serviço e por seus esforços de grande alcance e relevância.

Jeremy Banks e Mike Shapiro, por darem vida ao nosso manuscrito com seus desenhos.

Os pensadores por trás de diversos *insights* estratégicos cruciais, especialmente Michael Birshan, Dan Lovallo e Stephen Hall (realocação de recursos); Bill Huyett, Andy West e Robert Uhlaner (criação de valor em fusões e aquisições); Erik Roth, Marc de Jong e Gordon Orr (inovação); e Ezra Greenberg e nossos colegas do McKinsey Global Institute (tendências). Fora da McKinsey, nos inspiramos no trabalho de Dan Ariely, Daniel Kahneman, John Roberts, Phil Rosenzweig, Richard Rumelt, Nassim Nicholas Taleb, Philip Tetlock, Richard Thaler e outros.

Allen Webb, Rik Kirkland, Joanna Pachner e Joshua Dowse, por suas orientações e contribuições editoriais. E James Newman e Nicole White, do McKinsey Sydney Design Studio, que criaram nossos quadros.

As centenas de nossos colegas sócios ao redor do mundo que nos encarregaram dos presidentes de Conselhos e CEOs de seus clientes em um sem-número de reuniões inspiradoras.

Apêndice

Ste apêndice abrange: (1) nossa amostra e método; (2) uma observação sobre lucro econômico e retorno total dos acionistas; e (3) a diferença entre uma empresa começar no quintil superior ou inferior, comparado com o foco do corpo deste livro, que é a mobilidade a partir do meio da Curva de Potência.

1. Sobre nossa amostra e método

Os resultados apresentados neste livro provêm de uma pesquisa de vários anos da McKinsey & Company para avaliar quantitativa e objetivamente a probabilidade de uma estratégia cumprir sua promessa de conquistar o mercado. Não queríamos produzir mais um modelo; queríamos descobrir como aumentar as chances de sucesso.

Nossa fonte de dados. Essa visão externa é baseada em uma análise estatística rigorosa do maior conjunto de dados confiáveis que pudemos reunir: as 3.925 empresas não financeiras com maior receita no banco de dados corporativo da McKinsey Corporate Performance Analytics, abrangendo 15 anos, 59 setores e 73 países.

Períodos de tempo. Nossa amostra foi dividida em três períodos de 5 anos: 2000 a 2004, 2005 a 2009 e 2010 a 2014. Para eliminar distorções, calculamos a média dos lucros econômicos nesses períodos, incluindo na amostra se houvesse dados suficientes para no mínimo 3 desses 5 anos. Recalculamos o modelo várias vezes a partir de diferentes pontos iniciais (um dos privilégios de este livro ter levado tanto tempo para ser escrito) e os resultados foram extremamente sólidos para essas variações de duração.

A amostra. Para os nossos períodos de tempo, havia dados suficientes sobre 2.393 empresas para rastrearmos sua movimentação na Curva de Potência ao longo do tempo; ou seja, o lucro econômico era calculável em 3 dos 5 anos tanto no período 2000 a 2004 como em 2010 a 2014. Isso resultou em uma amostra que abrange três períodos de 5 anos, 59 setores e 62 países e que é utilizada como o ponto de referência consistente ao longo do livro. Na amostra final de 2.393 empresas, a receita mediana foi de US$5,2 bilhões, de 2010 a 2014, com uma média de US$12,4 bilhões, variando entre US$0,7 bilhão e US$458 bilhões. Na amostra final, apenas 101 faturam mais de US$50 bilhões e apenas 31 empresas superam US$100 bilhões. A amostra também é global. A Ásia lidera a lista com 945 empresas, seguida pela América do Norte (744), Europa (552), América do Sul (72) e o resto do mundo (80).

Calculando o lucro econômico. O lucro econômico foi calculado a partir dos dados da McKinsey Corporate Performance Analytics, o que garante um conjunto de dados precisos, isto é, *benchmarking*, sobre empresas, jurisdições e períodos de tempo. O método é consistente com nosso texto bastante difundido, *Valuation*: subtrai-se os encargos de capital (capital investido multiplicado pelo custo médio ponderado do capital, ou WACC) do lucro operacional líquido deduzidos os impostos ajustados (NOPLAT). Nosso cálculo do WACC foi baseado nos betas globais do setor. No entanto, visto que (a maioria das) empresas obtêm lucro em moeda local, o enfraquecimento ou fortalecimento artificial da taxa de conversão do dólar americano fará com que mudanças no lucro econômico pareçam grandes demais ou pequenas demais. Portanto, aplicamos um fator de conversão (baseado no diferencial inflacionário médio entre as moedas ao longo do período) para converter os lucros econômicos em dólares norte-americanos.

Classificação dos setores. Adotamos o padrão para classificar setores, o Global Industry Classification Standard (GICS), desenvolvido pela S&P Dow Jones Indices. A estrutura de quatro níveis do GICS consiste em 11 setores, 24 grupos industriais, 68 indústrias e 157 subindústrias [na terminologia da S&P Dow Jones Indices]. Tomando os dois níveis intermediários como os mais significativos para fins descritivos, tanto o banco de dados original de 3.925 empresas como o conjunto final de 2.393 empresas com dados suficientes abrangem 20 grupos industriais e 59 indústrias.

O modelo de probabilidade. Para cada uma dessas 2.393 empresas, coletamos dados públicos disponíveis (por exemplo, da Deal Logic) sobre suas atividades, resumidos em 40 variáveis de pontuação. Em seguida, empregamos um modelo de regressão logística multinomial para calcular a contribuição dessas 40 possíveis variáveis de pontuação para a probabilidade de a empresa subir ou descer na Curva de Potência. Nossos algoritmos identificaram dez variáveis que, juntas, produziram o modelo de regressão mais significativo e eficiente em termos estatísticos.

Poder preditivo. Para testar a precisão do nosso modelo, utilizamos uma característica operacional do receptor ou curva ROC, que considera que pontuações acima de 80% possuem forte potencial preditivo. Nossa análise

APÊNDICE

acompanha movimentações entre 2004 e 2014 com escore ROC de 82,8. Isto significa que, para qualquer par de empresa ascendente + empresa não ascendente, nosso modelo atribui maior probabilidade à empresa ascendente 82,8% das vezes. Apesar dessa pontuação elevada, modelos preditivos baseados em dados históricos podem refletir distorções existentes nesses dados tanto quanto as variáveis testadas, além de serem propensos ao sobreajuste. Portanto, aplicamos nosso modelo a diferentes períodos de tempo e, ainda assim, obtivemos um escore ROC de pelo menos 78%. Portanto, embora nossos resultados sejam derivados de dados retrospectivos, estamos confiantes de que são significativos para projeções futuras.

2. Uma nota sobre lucro econômico e retorno total dos acionistas

O retorno total dos acionistas só será diferente do custo do capital próprio ajustado para o risco quando houver um fator surpresa. Portanto, para entender o impacto do desempenho no preço das ações, deve-se levar em conta o que era esperado desde o início.

Para tanto, montamos nossa amostra em uma matriz 5 × 5: um eixo para os quintis do múltiplo médio "valor da empresa/NOPLAT" no múltiplo inicial; o outro para a evolução subsequente do lucro econômico (dimensionado em relação ao tamanho inicial). Veja o Quadro A1.

Com isso, podemos ver claramente que o melhor lugar para estar é aquele com baixas expectativas e potencial de alto desempenho — e o pior é exatamente o oposto. No entanto, a matriz também mostra que, para um executivo, a importância de começar com baixas expectativas é praticamente igual à de atingir um desempenho inovador.

A outra conclusão clara é que, não importa qual seja o múltiplo inicial, o crescimento do lucro econômico gera retornos maiores para os acionistas. As empresas de melhor desempenho geraram 17% de retorno total no período, enquanto o retorno gerado pelos 60% de empresas que menos melhoraram foi de apenas 7%.

3. Como as probabilidades parecem diferentes vistas de cima ou de baixo

Fizemos várias observações gerais sobre *endowment,* tendências e mudanças com base na experiência de empresas nos quintis intermediários. Contudo,

216   APÊNDICE

não é lá que todas vivem, evidentemente. Na verdade, por definição, 40% das empresas não habitam essa região, sendo que metade destas vive em estado de estagnação, e a outra reside onde todos nós queremos estar, no quintil superior. E, sim, existem diferenças importantes para quem não está começando em uma posição intermediária.

Quadro A1

Retorno total dos acionistas
O retorno depende do que você cumpriu e do que era esperado

		Começando em vários quintis[2] De 2000 a 2004					Total	
		Mais baixo	II	III	IV	Mais alto	Total	
Quintil do crescimento do lucro econômico[1] Ao longo da década até 2010–2014	Mais alto	25	21	18	13	9	17	
	IV	19	14	13	8	8	12	
	III	15	9	5	5	4	7	
	II	11	8	6	4	5	7	
	Mais baixo	11	7	6	2	1	7	
	Total	16	11	9	7	6	10	Média da amostra

1 Calculado como alteração no lucro econômico, escalado pelo custo inicial de juros

2 Calculado com NEV/NOPLAT

Fonte: Corporate Performance Analytics da McKinsey

Se sua empresa começa nos quintis do meio, terá apenas 8% de chance de chegar ao quintil superior, ao passo que quem já está no topo tem 59% de chance de permanecer lá.

Talvez o mais útil seja saber que os limiares e impactos dos dez atributos de mobilidade variam conforme a posição inicial. Em termos de tamanho, por exemplo, a definição do que é "grande" muda ligeiramente e o fato de uma empresa ser grande afeta seu perfil de chances, dependendo do ponto de partida. Uma empresa intermediária será grande se sua receita estiver entre

APÊNDICE

a das 20% maiores. Se estiver no topo, precisa estar entre as 10% maiores. E, caso esteja lá embaixo, basta estar entre as 30% maiores. Quando se começa no meio, o fato de ser uma grande empresa aumenta suas chances de subir para o quintil superior de 8% para 23%. Quando já se está no topo, ser grande significa que suas chances de permanecer lá aumentam de 59% para 74%. E quando se está no quintil inferior, ser grande aumenta as chances de ascender a curva (para o meio ou para o topo) somente de 57% para 61%.

A vida no quintil superior

Para as empresas que começam no quintil superior (veja o Quadro A2), aumentar as despesas de capital não tem impacto estatisticamente significativo nas probabilidades de mobilidade. Isso não quer dizer que, estando no topo, você pode cessar as despesas de capital. Não, não é isso. O que acontece é que estar muito à frente do setor em termos de despesas de capital não aumenta necessariamente as chances de permanecer no quintil superior. Para o grupo de empresas estelares que já se encontram no quintil superior e já demonstraram ter oportunidades suficientes de investimento para crescer o lucro econômico, aumentar a base de capital não fará diferença. Ou então a fonte das oportunidades de investimento com retorno superior ao custo do capital começou a secar nos setores onde operam essas empresas estelares.

Em vez de empreenderem mudanças de despesas de capital, as empresas do quintil superior fariam melhor se realizassem grandes mudanças para preservar sua posição privilegiada na Curva de Potência (buscar aquisições, realocar recursos para otimizar seu uso, inovar o modelo de negócio e, acima de tudo, melhorar a produtividade). A produtividade é a mudança mais importante para quem começa no quintil superior, pois o volume de capital investido e o ROIC elevado já levaram a empresa para lá, e é muito mais difícil encontrar investimentos acretivos (aquisições, realocação das despesas de capital, projetos de alto crescimento) capazes de realmente fazer a diferença.

A vida no quintil inferior

Para empresas que começam no quintil inferior (veja o Quadro A3), gastos passados com P&D não parecem alterar as chances de subir na curva. Para elas, os fatores que mais afetam sua capacidade de ascender são as tendências do setor e as despesas de capital. Além disso, a empresa deve evitar estar no decil inferior em termos de aumento da diferenciação.

APÊNDICE

Quadro A2
Probabilidades no quintil superior
Empresas do quintil superior têm 59% de chance de permanecer no topo

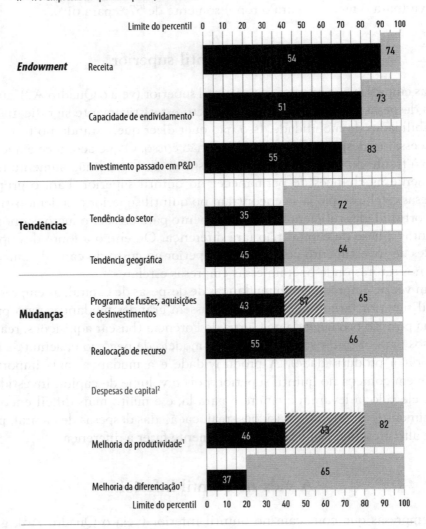

1 Normalizado pela mediana do setor
2 Taxa de despesas de capital não tem efeito estatístico relevante na mobilidade de empresas que começaram no quintil superior
Fonte: Corporate Performance Analytics da McKinsey

Quadro A3

Probabilidades no quintil inferior
Empresas do quintil inferior têm 57% de subir para outros quintis

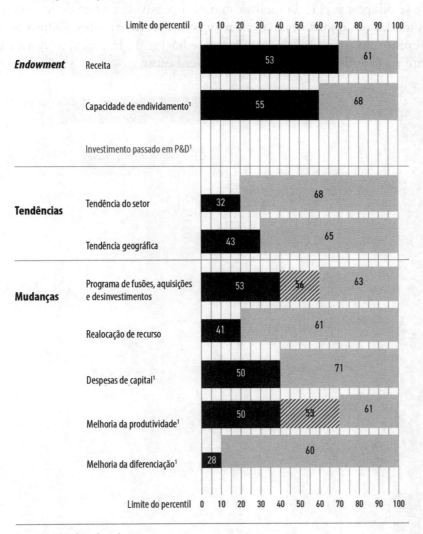

1 Normalizado pela mediana do setor
2 Investimento passado em P&D não tem efeito estatístico relevante na ascensão de empresas que começaram nos quintis intermediários
Fonte: Corporate Performance Analytics da McKinsey

APÊNDICE

Mas, de modo geral, por mais que haja diferenças nos extremos da Curva de Potência dependendo da posição inicial — e elas são grandes —, o fato mais importante é, de longe, que existem dez atributos fundamentais para determinar suas chances de ascender a curva. Não importa qual seja sua posição inicial, você estará em vantagem com um *endowment* melhor. As tendências do setor refrearão e empurrarão a empresa ao longo do tempo, e você terá de se adaptar a elas da melhor maneira possível. E você deve empreender tantas mudanças quanto puder em relação aos concorrentes. O fato de a vida ser diferente no topo, nos quintis intermediários ou lá embaixo nunca esteve presente na sala de estratégia. Agora poderá estar.

Notas

Introdução. Bem-vindos à sala de estratégia

1. Uma lista dos livros de estratégia preferidos pelos líderes da prática de estratégia de nossa firma, de acordo com e-mails recentes em que um de nossos novos escritórios pedia conselhos sobre o que mereceria espaço em suas estantes, inclui: *Strategy: A History* (Lawrence Freedman, 2013), *O Dilema da Inovação: Quando as Novas Tecnologias Levam as Empresas ao Fracasso* (Clayton Christensen, 1997), *Estratégia Boa, Estratégia Ruim: Descubra suas diferenças e importância* (Richard Rumelt, 2011), *A Arte da Guerra* (Sun Tzu, século 5 a.C.), *Co-opetition: A Revolutionary Mindset That Combines Competition and Cooperation* (Adam M. Brandenburger e Barry J. Nalebuff, 1996) e *Os Mestres da Estratégia: A História das Mentes Brilhantes que Inventaram o Pensamento Estratégico* (Walter Kiechel III, 2010). Além dessas obras principais, a lista também incluía livros apenas tangencialmente relacionados à estratégia, como: *Antifrágil: Coisas que se beneficiam com o caos* (Nassim Nicholas Taleb, 2012), *O Sinal e o Ruído: Por que tantas previsões falham e outras não* (Nate Silver, 2012) e *Rápido e Devagar: Duas Formas de Pensar* (Daniel Kahneman, 2011). E a lista volta diretamente para as raízes militares históricas da estratégia a partir de 1776, com *Declínio e Queda do Império Romano* (Edward Gibbon, 1776), *Da Guerra* (Carl von Clausewitz, 1832) e *The Strategy of Conflict* (Thomas Shelling, 1981).

2. Frase que costuma ser atribuída ao guru da administração Peter Drucker.

3. Veja um resumo das distinções entre visão interna e visão externa em "Beware the 'inside view'", *McKinsey Quarterly*, novembro de 2011, em mckinsey.com. O prêmio Nobel Daniel Kahneman relata como essa ideia lhe veio à mente. Veja uma abordagem mais profunda, em que ele examina em grande estilo o campo da economia comportamental, em *Thinking, Fast and Slow* [Rápido e Devagar: Duas Formas de Pensar], Nova York: Farrar, Straus and Giroux, 2011.

NOTAS

4. Veja Philip Tetlock, *Expert Political Judgment: How Good Is It? How Can We Know?*, Princeton, NJ: Princeton University Press, 2005. Seu concurso longitudinal plurianual entre previsões especializadas confrontava cientistas políticos e estudiosos de relações internacionais em uma busca pela precisão. O concurso levou Tetlock a concluir que, quanto mais famoso for um especialista em previsões, maior será seu excesso de confiança. "Especialistas em grande demanda", diz ele, "têm mais excesso de confiança que seus colegas que buscam uma existência mais humilde longe dos holofotes".

5. Para saber mais sobre nosso modelo, veja o Apêndice.

Capítulo 1. Jogos na sala de estratégia — e por que as pessoas participam deles

1. Estes são estudos de casos arquetípicos de negócios do Dilema da Inovação: empresas com participação de mercado entre "confortável" e "dominante", e tecnologias líderes em seu mercado, que não souberam reconhecer ou reagir à disrupção de uma nova tecnologia. Veja a expressão original deste conceito em Clayton Christensen, *The Innovator's Dilemma: When New Technologies Cause Great Firms to Fail* [O Dilema da Inovação: Quando as Novas Tecnologias Levam as Empresas ao Fracasso], Boston: Harvard Business School Press, 1997.

2. SWOT, acrônimo de *Strengths, Weaknesses, Opportunities, Threats*, ou análise FOFA (Forças, Oportunidades, Fraquezas e Ameaças) em português, é uma estrutura de planejamento bastante comum em uso nas últimas décadas para avaliar as vantagens e desvantagens internas, bem como as forças externas positivas e negativas.

3. Veja Chris Bradley, Angus Dawson e Antoine Montard, "Mastering the building blocks of strategy", *McKinsey Quarterly*, outubro de 2013. Nesse artigo, articulamos quatro métodos para chegar a uma ótima estratégia: fazer justiça aos alicerces, derrubar os mitos de sua própria história, permitir que eles se enfrentem e não deixar a estratégia inacabada. A derrubada de mitos foi desenvolvida mais a fundo no artigo subsequente de Bradley: Chris Bradley, "Strategists as myth-busters: why you shouldn't believe your own stories", LinkedIn, 2016.

NOTAS 223

4. Veja Jack Welch e John Byrne, *Jack: Straight from the Gut* [Jack: definitivo], Nova York: Warner Books, 2003.

5. Também conhecida como "Lei de Joy", esta afirmação costuma ser atribuída ao cofundador da Sun Microsystems, Bill Joy.

6. Veja Daniel Kahneman, *Thinking, Fast and Slow* [Rápido e Devagar: Duas Formas de Pensar], Nova York: Farrar, Straus and Giroux, 2011. Há um resumo esclarecedor do projeto de livros didáticos israelense mencionado neste parágrafo no excerto de Daniel Kahneman: "Beware the 'inside view'", *McKinsey Quarterly*, novembro de 2011.

7. Veja novamente Philip Tetlock, *Expert Political Judgment: How Good Is It? How Can We Know?*, Princeton, NJ: Princeton University Press, 2005. O concurso longitudinal plurianual entre previsões especializadas que confrontava cientistas políticos e estudiosos de relações internacionais em uma busca pela precisão levou Tetlock a concluir que os especialistas tendem a ter padrões duplos na avaliação de informações: eles foram muito mais rígidos ao avaliarem a validade de informações que minavam sua teoria do que com informações que a corroboravam. Veja também Philip Tetlock e Dan Gardner, *Superforecasting: The Art and Science of Prediction* [Superprevisões: A Arte e a Ciência de Antecipar o Futuro], Nova York: Broadway Books, 2015. O segundo livro detalha as conclusões de um concurso de previsões especializadas conhecido como Good Judgement Project [Projeto Bom Discernimento], também conhecido como torneio IARPA (Intelligence Advanced Research Projects Agency [Agência de Projetos de Pesquisa Avançada de Inteligência]), que aconteceu entre 2011 e 2015. No livro, Tetlock adota uma linha mais otimista da possibilidade de previsões precisas, identificando as características dos prognosticadores de grande sucesso.

8. Veja Larry Swedroe, "Why you should ignore economic forecasts", *CBS Money Watch*, 26 de novembro de 2012.

9. Isso só é verdade para dois dos três autores; um deles não tem praticamente nenhum fio grisalho e ainda se parece com um recém-formado.

10. Esses resultados foram extraídos de uma pesquisa com 159 diretores de estratégia no processo estratégico que realizamos em 2014 como parte dos estudos para este livro.

NOTAS

11. Existem alguns ótimos livros populares publicados pelos próprios pioneiros desse campo florescente, permitindo ao leitor leigo obter um relato em primeira mão. Os três que escolhemos são: Daniel Kahneman, *Thinking, Fast and Slow* [Rápido e Devagar: Duas Formas de Pensar], Nova York: Farrar, Straus and Giroux, 2011; Dan Ariely, *Predictably Irrational: The Hidden Forces That Shape Our Decisions* [Previsivelmente Irracional: Como as situações do dia a dia influenciam as nossas decisões], Nova York: Harper Perennial, 2010; e Richard Thaler, *Misbehaving: The Making of Behavioral Economics* [*Misbehaving*: A construção da economia comportamental], Nova York: Norton, 2015.

12. Veja o estudo original de 2004 por Eric Johnson e Daniel Goldstein, "Defaults and donation decisions", em *Transplantation*, 2004, v. 78, n. 12, 1713–1716. Este estudo, com muitas outras contribuições importantes para a economia comportamental, é destacado em: Dan Ariely, *Predictably Irrational: The Hidden Forces That Shape Our Decisions* [Previsivelmente Irracional: Como as situações do dia a dia influenciam as nossas decisões], Nova York: Harper Perennial, 2010.

13. Veja Phil Rosenzweig, *The Halo Effect and the Eight Other Business Delusions That Deceive Managers*, Nova York: Free Press, 2007. Nesse importante livro, Rosenzweig enfatiza que muitas vezes corremos para vincular práticas observadas a resultados, o que leva à conclusão perigosa de que "se eu fizer X, também obterei esse resultado". Embora todos nós logicamente saibamos que selecionar exemplos a dedo, aplicar causalidade frouxa e ignorar vieses de amostragem e o viés do sobrevivente levará a más decisões, é interessante notar como esses erros de raciocínio prevalecem não apenas nas diretorias, mas também em livros e artigos de gestão.

14. Veja mais sobre o viés de campeão no artigo de Tim Koller, Dan Lovallo e Zane Williams, "A bias against investment?", *McKinsey Quarterly*, setembro de 2011.

15. Veja Dominic Dodd e Ken Favaro, *The Three Tensions: Winning the Struggle to Perform Without Compromise*, São Francisco: Jossey-Bass, 2007.

16. Veja, por exemplo, o trabalho revolucionário de Drew Westen sobre o viés da confirmação no pensamento político: Drew Westen, Pavel S. Blagov,

NOTAS

Keith Harenski, Clint Kilts e Stephan Hamann, "Neural bases of motivated reasoning: An fMRI study of emotional constraints on partisan political judgment in the 2004 US presidential election", *Journal of Cognitive Neuroscience*, novembro de 2006, v. 18, n. 11, 1947–1958.

17. O conceito de viés do sobrevivente deve muito ao trabalho de Abraham Wald e seu Grupo de Pesquisa Estatística (SRG) da Marinha dos EUA durante a Segunda Guerra. O viés do sobrevivente consiste em criar um conjunto de dados para explicar um fenômeno que inclua apenas as observações remanescentes visíveis — os "sobreviventes" — e não o conjunto completo de observações possíveis. Ao trabalhar no problema de como minimizar as perdas de bombardeiros ao fogo inimigo, o SRG reconheceu que aeronaves que tinham sobrevivido às suas missões haviam sido atingidas em pontos menos críticos, e recomendou reforçar as áreas onde elas *não* haviam sido atingidas. A inclinação da Marinha era reforçar justamente as áreas onde os aviões foram atingidos, mas Wald e sua equipe partiram do pressuposto de danos uniformes, o que os levou a concluir que aviões atingidos em outros pontos estavam sendo perdidos em ritmo muito mais elevado do que aqueles que sofreram danos mas sobreviveram ao fogo inimigo. Em uma triste ironia, Wald e sua esposa morreram em um desastre de avião nos montes Nilgiri durante uma turnê de palestras na Índia.

18. Retiramos esse termo singular do livro de Nassim Taleb, *The Black Swan: The Impact of the Highly Improbable* [A Lógica do Cisne Negro: O Impacto do Altamente Improvável], Nova York: Random House, 2007. Escreve ele: "Há mais de 2 mil anos, o romano Marcus Tullius Cicero, orador, beletrista, pensador, estoico, manipulador-político e (geralmente) cavalheiro virtuoso, apresentou a seguinte história. Mostraram a um certo Diágoras, que não acreditava nos deuses, tábuas ilustradas com os retratos de alguns adoradores que rezaram e sobreviveram a um naufrágio posterior. A implicação era que rezar protegeria você de afogamentos. Diágoras perguntou: 'Onde estavam os retratos dos que rezaram e depois se afogaram?'" [tradução de Marcelo Schild].

19. O problema do principal-agente, tal como entendido atualmente em um contexto de negócios, surgiu a partir da combinação de economia e teoria institucional realizada por acadêmicos como Stephen Ross, Michael Jensen,

NOTAS

William Meckling, John Roberts e outros nas décadas de 1970 e 1980. Seu trabalho baseou-se em estudos anteriores em teoria dos jogos sobre problemas de compatibilidade de incentivos em situações de informações assimétricas. O problema surge quando um agente precisa tomar decisões em prol de outra pessoa ou grupo, cujos interesses, informações e preferências podem não estar alinhados com os do agente. Situações em que seus interesses divergem costumam ser descritas como envolvendo "risco moral".

Uma contribuição acadêmica pioneira foi o trabalho de Michael Jensen e William Meckling, que determinaram como os custos de agência são gerados pela existência de dívidas e patrimônios externos que vinculados mais diretamente aos interesses dos proprietários do que aos dos gestores. Veja "Theory of the firm: Managerial behavior, agency costs and ownership structure", *Journal of Financial Economics*, outubro de 1976, v. 3, n. 4, 305–360.

John Roberts resumiu e aplicou com elegância muitas dessas ideias a organizações de negócios em seu influente livro *The Modern Firm* (Nova York: Oxford University Press, 2004), que *The Economist* elegeu como o melhor livro de negócios daquele ano.

20. Esta citação costuma ser atribuída ao famoso par de colaboradores e investidores. Mas encontramos outra versão: "O setor financeiro é composto de 5% de pessoas racionais e 95% de xamãs e curandeiros."

21. Veja Stephen Hall, Dan Lovallo e Reinier Musters, "How to put your money where your strategy is", *McKinsey Quarterly*, março de 2012. Este é um tema constante na prática de estratégia da McKinsey. Veja, por exemplo, os seguintes artigos complementares: Yuval Atsmon, "How nimble resource allocation can double your company's value", agosto de 2016; Stephen Hall e Conor Kehoe, "Breaking down the barriers to corporate resource allocation", outubro de 2013; Michael Birshan, Marja Engel e Oliver Sibony, "Avoiding the quicksand: Ten techniques for more agile corporate resource allocation", outubro de 2013.

22. Sobre os complicados motivos da incapacidade da Kodak mudar diante da revolução tecnológica, veja este excelente artigo que reexamina uma área já

NOTAS   227

bem trilhada da tradição corporativa: Willy Shih, "The Real Lessons From Kodak's Decline", *MIT Sloan Management Review*, verão 2016.

Capítulo 2. Abrindo as portas da sua sala de estratégia

1. O mapa de Fra Mauro, considerado um dos melhores e mais detalhados exemplos de cartografia medieval, foi criado em meados do século 15 ao longo de vários anos por um monge veneziano. Mede cerca de dois metros por dois e o Sul está orientado para cima. O mapa costuma estar em exposição no Museu Correr, em Veneza.

2. Para muitos, a obra mais importante de Diogo Ribeiro, cartógrafo do século 16, é Padrón Real, de 1529. Existem seis cópias atribuídas a Ribeiro, incluindo a versão Weimar retratada aqui, guardada na Grande Biblioteca Ducal de Weimar (como era originalmente conhecida). A rivalidade hispano-portuguesa pelo controle do comércio de especiarias e a primeira circum-navegação do globo por Magalhães em 1522 moldou o mapa. O controle das valiosas ilhas Molucas seria determinado pela representação "objetiva" do globo nesse mapa; todavia, o português Ribeiro trocou de lado e foi pago pelos espanhóis para retratar as ilhas bem no limite da metade espanhola.

3. Veja Yuval Noah Harari, *Sapiens: A Brief History of Humankind* [Sapiens: Uma breve história da humanidade], Nova York: HarperCollins, 2015.

4. A análise da Curva de Potência aparece pela primeira vez em Chris Bradley, Angus Dawson e Sven Smit, "The strategic yardstick you can't afford to ignore", *McKinsey Quarterly*, outubro de 2013.

5. Veja Chris Bradley, Martin Hirt e Sven Smit, "Have you tested your strategy lately?", *McKinsey Quarterly*, janeiro de 2011.

6. Valor econômico agregado (VEA) também é conhecido como lucro econômico. É uma medida de desempenho financeiro calculada deduzindo-se o custo do capital e os impostos da empresa de seu lucro operacional. Veja mais informações em Tim Koller, Marc Goedhart, David Wessels e Thomas Copeland, *Valuation: Measuring and Managing the Value of Companies*, Hoboken, NJ: John Wiley & Sons, 2005.

NOTAS

7. Veja no Apêndice um gráfico mais detalhado da relação entre lucro econômico e retorno total dos acionistas. Sobre *valuation* em finanças corporativas, veja Tim Koller, Marc Goedhart, David Wessels e Thomas Copeland, *Valuation: Measuring and Managing the Value of Companies*, Hoboken, NJ: John Wiley & Sons, 2005; e Tim Koller, Richard Dobbs e Bill Huyett, *Value: The Four Cornerstones of Corporate Finance*, Hoboken, NJ: John Wiley & Sons, 2011. Para entender como nossa Firma considera o retorno total dos acionistas, veja Bas Deelder, Marc H. Goedhart e Ankur Agrawal, "A better way to understand TRS", *McKinsey Quarterly*, julho de 2008.

8. Medimos o lucro como NOPLAT (lucro operacional líquido menos impostos ajustados). O capital investido compreende o capital investido operacional de US$6,6 bilhões e *goodwill* e intangíveis de US$2,6 bilhões. Em outras palavras, 28% do capital de uma empresa típica representam valor adicional acima do valor contábil pago em aquisições. Os executivos geralmente preferem medidas que excluem o *goodwill*, argumentando que essa é uma representação mais verdadeira do desempenho operacional e dos retornos incrementais. Nós, porém, somos inclinados a incluir o *goodwill*. Primeiro, a realidade empírica é que boa parte do crescimento corporativo veio e virá de aquisições e, portanto, os retornos pós-*goodwill* são uma medida melhor da verdadeira situação. Segundo, esse *goodwill* foi dinheiro real que um investidor real gastou e pelo qual ele ainda precisa de um retorno.

9. "Lei de potência" refere-se a uma relação funcional entre duas grandezas, pela qual uma mudança relativa em uma quantidade resulta em uma mudança relativa proporcional na outra quantidade, independente do tamanho inicial das quantidades: uma quantidade varia como uma potência da outra. Leis de potência são encontradas com frequência nas ciências naturais e sociais e em vários campos da indústria. Por exemplo, entre os fenômenos descritos pelas leis de potência estão fractais, a massa inicial de estrelas, o crescimento das populações urbanas e até mesmo o retorno de investimentos de capital de risco.

10. As 2.393 empresas são também aquelas com dados contíguos suficientes para completar nosso estudo. Veja no Apêndice mais detalhes sobre a composição da amostra.

NOTAS

11. Em geral, a Lei de Zipf descreve um padrão em que a frequência de um item ou evento é inversamente proporcional à sua classificação de frequência. O uso de palavras na língua inglesa é um desses exemplos.

12. Aqui estão, ordenadas, as 40 maiores de 2010–14: Apple, Microsoft, China Mobile, Samsung Electronics, Exxon, Johnson & Johnson, Oracle, Roche, BHP, Vodafone, Intel, Cisco, Pfizer, GlaxoSmithKline, Novartis, AstraZeneca, Nestlé, Chevron, Merck, Walmart, Coca-Cola, Qualcomm, CNOOC, BAT, Telefonica, UnitedHealth, Gilead, Sanofi, America Movil, TSMC, PetroChina, Anheuser-Busch, Audi, PepsiCo, Abbott, Unilever, Verizon, Altria, Amgen, Siemens. A lista inclui 11 empresas farmacêuticas/biotecnológicas, 8 de produtos de consumo, 8 de tecnologia, 5 de recursos globais (que desceram na lista desde 2014 em virtude da natureza cíclica dos preços das *commodities*), 5 operadoras de telecomunicações, 1 empresa de cuidados de saúde, 1 fabricante de automóveis e 1 fabricante industrial.

13. Às vezes, nos perguntam sobre o uso do lucro econômico total, pois alguns acham que esse parâmetro distorce demais os resultados em prol das grandes empresas, em detrimento de empresas menores com lucros elevados. Mas quem é mais valioso: um jogador de beisebol da Major League cujo índice de rebatimento é 0,300 em 100 jogadas contra arremessadores destros ou um jogador comum com índice de 0,285 em 550 jogadas? Nós sabemos quem preferiríamos.

Capítulo 3. Projeções oníricas, realidades arriscadas

1. Veja Dan Lovallo e Olivier Sibony, "The case for behavioral strategy", *McKinsey Quarterly*, março de 2010.

2. Veja mais informações na postagem de Chris Bradley, "Hockey stick dreams, hairy back reality", *McKinsey Strategy and Corporate Finance Blog*, 31 de janeiro de 2017.

3. Veja o artigo de 1981 de Ola Svenson, "Are we all less risky and more skillful than our fellow drivers?", *Acta Psychologica*, 1981, v. 47, n. 2, 143–148.

4. Veja Daniel Kahneman e Dan Lovallo, "Timid choices and bold forecasts: A cognitive perspective on risk taking", *Management Science*, janeiro de 1993, v. 39, n. 1, 17–31.

5. Veja o livro do nosso colaborador de redação: Paul Carroll, *Big Blues: The Unmaking of IBM*, Nova York: Crown, 1993. Paul foi um jornalista de Wall Street que cobriu a IBM durante anos. No ano em que este livro foi publicado, Lou Gerstner assumiu o cargo de CEO e iniciou o agora famoso *turnaround* da empresa.

6. Veja Joshua Fenton, Anthony Jerant, Klea Bertakis e Peter Franks, "The cost of satisfaction", *Archives of Internal Medicine*, 2012, v. 172, n. 5, 405–11.

7. Variações da citação "É difícil fazer previsões, especialmente sobre o futuro" são atribuídas a Niels Bohr, o físico dinamarquês ganhador do Prêmio Nobel, e mais tarde a Yogi Berra, o famoso jogador de beisebol e treinador dos New York Yankees.

8. Veja Nassim Taleb, *Fooled by Randomness: The Hidden Role of Chance in Life and in the Markets* [Iludido pelo Acaso: A influência oculta da sorte nos mercados e na vida], Nova York: Random House, 2005. Taleb cunhou o termo "falácia narrativa" para descrever a tendência humana de compreender conjuntos complexos de fatos transformando-os em narrativas supersimplificadas. É importante notar que esse efeito pode minar nosso discernimento em duas direções, piorando nossa capacidade de avaliar possibilidades futuras e causalidades passadas. Em outras palavras, somos afligidos por incerteza não somente acerca do que aconteceu mas também do que acontecerá.

9. Veja Stephen Hall, Dan Lovallo e Reinier Musters, "How to put your money where your strategy is", *McKinsey Quarterly*, março de 2012.

Capítulo 4. Quais são as probabilidades?

1. Veja uma boa discussão sobre isso no blog de nosso ex-colega, Yuval Atsmon: "How tales of triumphant underdogs lead strategists astray", *LinkedIn Blog*, maio de 2016.

2. Uma coisa que você talvez se pergunte ao estudar a matriz é por que a probabilidade de a empresa avançar do quintil inferior para o superior (17%)

NOTAS   231

é maior do que a de ir dos quintis intermediários para o superior (8%). A explicação é que as empresas maiores estão ligeiramente super-representadas nos quintis superior e inferior. Dado o seu porte, é mais provável que qualquer movimento no ROIC as faça serem catapultadas diretamente do quintil inferior para o superior, sem se estabilizarem nos quintis intermediários.

3. Veja, por exemplo, *The Base Rate Book*, de Michael Mauboussin, Dan Callahan e Darius Majd, do Credit Suisse, 2016. Esse recurso, disponível gratuitamente online no momento da publicação deste livro, reúne tabelas de distribuições de probabilidade de crescimento e desempenho conforme várias características populacionais, como tamanho. É um bom exemplo de trazer a "visão externa" para a estratégia e o investimento.

4. Citação geralmente atribuída ao principal treinador da National Football League (NFL) durante 19 temporadas. Bill Parcells treinou o New York Giants, conquistando dois Super Bowls, e mais tarde os New England Patriots, New York Jets e Dallas Cowboys.

5. Veja "Staying one step ahead at Pixar: An interview with Ed Catmull", *McKinsey Quarterly*, março de 2016.

Capítulo 5. Como encontrar um *hockey stick* legítimo

1. Veja o clássico artigo de Louis V. Gerstner Jr., ex-CEO da IBM e ex-consultor da McKinsey em Nova York, "Can strategic planning pay off?", *McKinsey Quarterly*, dezembro de 1973. Republicamos o artigo em 2013 como parte de uma retrospectiva para comemorar o quinquagésimo aniversário da *McKinsey Quarterly*. Já em 1973, ele comparava a promessa revolucionária do planejamento estratégico (a mais nova ferramenta de gestão do momento) com o progresso real dentro das empresas. De uma maneira que encontra perfeita ressonância conosco 45 anos depois, ele aponta que a falha fundamental é "o fracasso em trazer o planejamento estratégico para as decisões atuais". Ele aconselha o leitor a "tomar decisões, não fazer planos", incorporar flexibilidade e incerteza, garantir uma "liderança de cima para baixo" (não um mero conjunto de imperativos de baixo para cima que não leva em conta vínculos e *trade-offs*) e focar "decisões de alocação de recursos". Lemos isso quando nosso diretor da *McKinsey Quarterly*, Allen Webb, encontrou o artigo nos

232 NOTAS

arquivos da revista. É com vergonha que constatamos não há nada de novo debaixo do sol.

2. Veja Jennifer Rheingold e Ryan Underwood, "Was 'built to last' built to last?", *Fast Company*, 2014. Veja também uma análise recente por um dos autores: Chris Bradley, "What happened to the world's 'greatest' companies?", *McKinsey Strategy and Corporate Finance Blog*, setembro de 2017.

3. Veja novamente Phil Rosenzweig, *The Halo Effect and the Eight Other Business Delusions That Deceive Managers*, Nova York: Free Press, 2007.

4. A referência é ao reverendo Thomas Bayes, estatístico, filósofo e ministro presbiteriano que viveu do início a meados do século 18 e desenvolveu uma importante técnica estatística que permite que estimativas se tornem mais precisas à medida que novas informações são incorporadas.

5. Veja "Fading stars", *The Economist*, 27 de fevereiro de 2016.

Capítulo 6. O destino está traçado

1. As ideias neste capítulo baseiam-se em Chris Bradley e Clayton O'Toole, "An incumbent's guide to digital disruption", *McKinsey Quarterly*, maio 2016. Somos gratos a Clayton O'Toole, coautor do artigo, por sua ajuda com as ideias desse capítulo.

2. Veja Chris Bradley, Martin Hirt e Sven Smit, "Have you tested your strategy lately?", *McKinsey Quarterly*, janeiro de 2011.

3. Veja Stephen Hall, Dan Lovallo e Reinier Musters, "How to put your money where your strategy is", *McKinsey Quarterly*, março de 2012.

4. Veja Patrick Viguerie, Sven Smit e Mehrdad Baghai, *The Granularity of Growth: How to Identify the Sources of Growth and Drive Enduring Company Performance*, Hoboken, NJ: John Wiley & Sons, 2007.

5. Fórum Econômico Mundial, *Global entrepreneurship and successful growth strategies of early-stage companies report*, abril de 2011.

6. Veja Reed Hastings, "An explanation and some reflections", *Netflix blog*, 18 de setembro de 2011. O interessante desse texto é que foi escrito à medida

NOTAS

que os eventos se desenrolavam, de modo que está imune à "memória seletiva" da história.

7. Veja a palestra TED de Ray Kurzweil em fevereiro de 2009, "A university for the coming singularity".

8. Marshall McLuhan, *Understanding Media: The Extension of Man* [Os Meios de Comunicação como Extensões do Homem], Nova York: McGraw Hill, 1964.

9. Veja Marc de Jong e Menno van Dijk, "Disrupting beliefs: A new approach to business-model innovation", *McKinsey Quarterly*, julho de 2015.

10. Um comentário que a Axel Springer repudiou publicamente, visto que sua recuperação digital acelerou ao longo dos anos. Por exemplo, em uma apresentação de alto nível feita por seu diretor de mídia eletrônica, Dr. Jens Müffelmann, e pelo diretor de fusões, aquisições e estratégia, Oliver Schäffer. Veja "Key to digitization: M&A and asset development", Axel Springer, 2012.

11. Amplamente divulgado na mídia australiana. Por exemplo, Elizabeth Knight, "Media rivals facing a brave new world", *Sydney Morning Herald*, 8 de junho de 2013.

Capítulo 7. Fazendo as mudanças certas

1. Veja Werner Rehm, Robert Uhlaner e Andy West, "Taking a longer-term look at M&A value creation", *McKinsey Quarterly*, janeiro de 2012.

2. Veja Michael Birshan, Thomas Meakin e Kurt Strovink, "What makes a CEo 'exceptional'?", *McKinsey Quarterly*, abril de 2017.

3. Embora seus significados tenham se tornado indistintos à medida que sua popularidade aumentou, estes são conceitos distintos. A abordagem Kaizen foca melhorias contínuas das fontes de ineficiência no processo de fabricação, como desperdício, variação e sobrecarga. O *lean manufacturing* tende a focar a redução de desperdício. Veja Steven Spear e H. Kent Bowen, "Decoding the DNA of the Toyota Production System", *Harvard Business Review*, setembro–outubro de 1999, v. 77, n. 5, 96–106.

NOTAS

4. Seis Sigma e *Lean* são abordagens amplamente utilizadas para melhorar a eficiência operacional mediante redução do desperdício. O Seis Sigma foca a redução da variação, enquanto o *Lean* procura eliminar etapas que não agreguem valor.

5. Hasbro, Relatório anual da empresa, 2000.

6. BASF, Relatório anual da empresa, 2005.

7. Com base em trabalho recente realizado em empresa cliente por meio da Quantum Black, o serviço da McKinsey especializado em *big data analytics*.

8. Veja "Burberry and globalisation: A checkered story", *The Economist*, 21 de janeiro de 2011.

9. Veja John Asker, Joan Farre-Mensa e Alexander Ljungqvist, "Corporate investment and stock market listing: A puzzle?", *Review of Financial Studies*, 1º de fevereiro de 2015, v. 28, n. 2. Nesse estudo, eles compararam o comportamento de investimento de empresas similares de capital aberto e fechado. É um dos melhores estudos que vimos que valida empiricamente a noção de que as cotações do mercado de ações induzem comportamentos imediatistas: "Mostramos primeiro que empresas de capital fechado investem substancialmente mais do que as de capital aberto. [...] Segundo, mostramos que as decisões de investimento das empresas de capital fechado são cerca de quatro vezes mais responsivas a mudanças nas oportunidades de investimento do que as das empresas de capital aberto." Veja também Dominic Barton, "Capitalism for the long term", *Harvard Business Review*, março de 2011.

10. Veja Chris Bradley, Martin Hirt e Sven Smit, "Have you tested your strategy lately?", *McKinsey Quarterly*, janeiro de 2011.

Capítulo 8. Oito mudanças para destravar a estratégia

1. Veja Chris Bradley, Lowell Bryan e Sven Smit, "Managing the strategy journey", *McKinsey Quarterly*, julho de 2012. Nosso colega aposentado, amigo e ex-diretor de nossa Prática de Estratégia há muito tempo insiste nessa abordagem que vê a estratégia mais como uma jornada.

NOTAS 235

2. Veja Lowell Bryan, "Just-in-time strategy for a turbulent world", *McKinsey Quarterly*, junho de 2002. Bryan introduz aqui o modelo de um "portfólio de iniciativas" gerenciado em horizontes de tempo e níveis de familiaridade nitidamente distintos. A ideia de gerir o crescimento em três horizontes foi desenvolvida no livro da McKinsey escrito por Mehrdad Baghai, Stephen Coley e David White, *The Alchemy of Growth: Practical Insights for Building the Enduring Enterprise*, Reading, MA: Perseus Books, 1999.

3. Veja Gary Klein, "Performing a project premortem", *Harvard Business Review*, setembro de 2007.

4. Veja Fox, Bardolet e Lieb, "Partition dependence in decision analysis, managerial decision making, and consumer choice", capítulo 10 de R. Zwick e A. Rapoport (orgs.), *Experimental Business Research*, v. III, Boston: Springer, 2005.

5. Veja Richard P. Rumelt, *Good Strategy, Bad Strategy: The Difference and Why It Matters* [Estratégia Boa, Estratégia Ruim: Descubra suas diferenças e importância], Nova York: Crown Business, 2011. Nesse tratado imortal sobre estratégia, Rumelt convence-nos da importância de haver um diagnóstico verdadeiro, de focar escolhas e não metas, de promover a coerência dessas escolhas e de retroagir o plano de longo prazo para se atingir metas imediatas.

6. Veja Richard P. Rumelt, *Good Strategy, Bad Strategy: The Difference and Why It Matters* [Estratégia Boa, Estratégia Ruim: Descubra suas diferenças e importância], Nova York: Crown Business, 2011.

Índice

Símbolos

21st Century Fox, 151

A

ABB, 113
abordagem manteiga de amendoim,
 30, 72, 156, 185, 188
agile sprints, 202
Alan Kay, 138
Aldi, supermercado, 137, 140
AMD, 164
análise SWOT, 16
ancoragem, 24, 26
Apple, 44, 46, 67
 Pay, 168
aversão
 à perda, 26
 individual ao risco, 71
Axel Springer, 142–145, 155

B

balanced scorecard, 199
BASF, 113, 150, 164
benchmark, 50, 115

BHAGs, 67
Bill Gates, 138, 184
Bill Joy, 21
Bill Parcells, 93
bolha da internet, 66, 161
boom da internet, 65
brainstorming, 185
Brian Goldner, 164
Burberry, 167–168
business as usual, 3, 188

C

CEO, 14–20
Charles Munger, 29
CHEP, 131–132
China, 128
Corning, empresa, 154–155
"costas peludas", 60–78
Cristóvão Colombo, 37–39
curva de potência, 42–45
 ascender, 101
 insights importantes, 45–46
curva sigmoidal, 134–139
custos fixos, 86

ÍNDICE

D

Dai Nippon Printing (DNP), 88
Danaher, 158–159
Daniel Kahneman, 21–22, 64
Dan Lovallo, 64
desempenho
  erros em atribuição de, 66
  fraco, 17
dinâmica social, 61

E

Ed Catmull, 93
efeito do dia do anúncio, 154
efeito halo, 26
elimine distorções da tomada de
  decisões, 184
endowment, 104
  investimentos passados em
    P&D, 105
  nível de endividamento, 105
  tamanho da empresa, 104
escalabilidade, 48
estratégia
  acompanhe as premissas, 184
  calibre sua, 182
  como uma jornada, 179
  compare planos alternativos,
    184
  estruture a, 182
  lado social da, 2, 15–36
    o vilão, 4

mantenha diálogos regulares
  sobre, 180
metas, 56
monitore seu portfólio de
  iniciativas, 180
monitore um plano evolutivo,
  181
objetivo imediato, arte da, 201
processo de, 181
visão externa, 37–58
visão interna, 13–36

F

Facebook, 143
fatores de sucesso, 103
  endowment, 103–104
    investimentos passados em
      P&D, 105
    nível de endividamento, 105
    tamanho da empresa, 104
  mudanças, 103–106
    força do programa de
      produtividade, 107
    fusões e aquisições
      programáticas, 106
    intenso dispêndio de capital,
      107
    melhorias na diferenciação,
      107
    realocação dinâmica de
      recursos, 107
  tendências, 103–105

ÍNDICE

disruptivas, 134
do setor, 105
geográfica, 105
feedback, 24
fluxo de caixa, 41
FOFA, 222. *Veja* SWOT
forças darwinianas do mercado, 49
fracasso estratégico, clássico
Kodak, 31
fusões e aquisições, 154–156
programáticas, 155

G

Garrison Keillor, 45
gastos de capital, 111
General Electric, 19
goodwill, 41
gráfico hockey stick, 5
grandes apostas, 197
grandes navegações, 39
guru, 22
convocar um, 22

H

Harris, empresa, 153
Harry Truman, 92
Hasbro, 164
hockey stick, 17–19, 59
gráfico, 5
legítimo, 74
plano de negócios, 17

projeções, 18, 60

I

incerteza
como lidar, 67
maneiras de lidar com a, 69
insights privilegiados, 131
Intel, 164
internet
bolha da, 66, 161
boom da, 65

J

Jack Welch, 98
Jeff Bezos, 44
Jeff Immelt, 98
jogos sociais, 62

K

Kjell Aamot, 138
Kodak, 31

L

lado social da estratégia, 2, 137–
144, 160, 178, 190
o vilão, 4
lei de potência, 42–44, 228
lei de Zipf, 44, 229
Lin Dan, 123

240 ÍNDICE

lucro bruto médio, 166
lucro econômico, 40–44, 199
   calculando o, 214
   como medida de criação de
     valor, 42
   médio, 43
   teoria, 46

M

machine learning, 115
marketing WPP, 130
Mark Twain, 64
Marshall McLuhan, 136
Martin Sorrell, 130
matriz da mobilidade, 83
medida de criação e valor
   lucro econômico, 42
memorando, 13–14
mercados "sumarizados", 17
metas ousadas, 70
Microsoft, 74, 138, 184
movimento impenitente, 197
mudanças, 106
   força do programa de
     produtividade, 107
   fusões e aquisições
     programáticas, 106
   intenso dispêndio de capital,
     107
   melhorias na diferenciação, 107
   para o sucesso, 148

realocação dinâmica de
   recursos, 107

N

Netflix, 133, 138
Niels Bohr, 67
Nokia, 15
NXP, 75

O

opções reais, 197
orçamento, 15, 188
   base zero, 193
   caso base, 188
outliers, 44

P

painel de controle da mobilidade,
   109
painel de mobilidade da Harris, 153
P&D, 104–105, 109, 114
pesquisa empírica, 2, 34
Peter Drucker, 5
Phil Hellmuth, 80
Philips, 129, 158, 194
pipeline, 155
Pixar, 93
planejamento anual, 160
planejamento de estratégia, 13
   memorando, 13–14

ÍNDICE

plano
    anual, 179
    P50, 72, 199
    P90, 199
poder preditivo, 214
PolyGram, 119–120
portfólios de risco aberto, 194
princípio Verbund, 165
private equity, 127
processo
    de estratégia, 27, 181
    de reestruturação de crenças
        institucionais, 137
profit pools, 126
projeções econômicas, 22
ProSieben, 166

Q

quintil
    inferior, 41, 43, 53
    superior, 41, 46–47, 49, 51,
        54–55

R

Ray Kurzweil, 134
realocação de recursos, 160, 186
retorno do capital investido
    (ROIC), 41, 84–86, 217
revolução científica, 39
Richard Rumelt, 201, 212
Richard Thaler, 10

Roger Federer, 123
Royal Philips, 119

S

sandbagging, 11, 28, 194
SanDisk, 166
Santos, 162
Satya Nadella, 74
serviços de streaming, 124
spread, 41, 44, 48, 49
stakeholders, 28
Starbucks, 84
Starwood Hotels & Resorts, 122
Sven Smit, 130
SWOT, 222

T

taxa de crescimento anual
    composto (CAGR), 88
tendências
    antecipar-se às, 123
    do setor, 105
    etapas, disruptivas, 134
    geográfica, 105
Thomas Bayes, 100
Tootsie, filme, 20
Toyota, 162–163
TSMC, 161
turnaround, 122

U

unbalanced scorecard, 199

V

vale do investimento, 63
valor econômico agregado (VEA),
41
valor presente líquido (VPL), 41
venture capital, 127
verbund, 165
viés
de campeão, 26
de confirmação, 26
visão
externa, 37–58

holística do desempenho, 198
interna, 13–36
caso base, 188

W

Walmart, 46, 49, 84
Warren Buffett, 27, 29, 88, 184
WeChat, 143, 168
Wendell Weeks, 94

Y

Yogi Berra, 67
Yuri Gagarin, 64